일독
일행
독서법

일독일행 독서법

초판 1쇄 발행 2015년 10월 20일
초판 15쇄 발행 2024년 8월 15일

글 | 유근용
펴낸이 | 金湞珉
펴낸곳 | 북로그컴퍼니
주소 | 서울시 마포구 와우산로 44(상수동), 3층
전화 | 02-738-0214
팩스 | 02-738-1030
등록 | 제2010-000174호

ISBN 978-89-94197-89-0 03020

일독일행 독서법

문제아를 국내 제일의
독서 컨설팅 CEO로 만든 기적의 독서 공부법

유근용(초인 용쌤) 지음

一讀一行

북로그컴퍼니

책을 읽기 전에는
불우한 가정, 새어머니의 학대, 끝없는 방황,
문제아 낙인이라는 벽 앞에 스스로 좌절했지만
이제는 좌절하지 않는다. 내 앞을 가로막은 모든 벽들이
새로운 길을 안내하는 또 다른 문이라는 것을 깨달았기 때문이다.

이런 마음을 가질 수 있었던 이유는
오직 책을 읽었기 때문이다.

일급 문제아에서 독서 천재로
운명을 바꾼 남자!

지금부터 시작할 긴 이야기에 앞서 나에 대한 이야기를 먼저 해야겠다. 나는 수많은 독서광들처럼 어릴 때부터 책을 좋아했던 사람이 아니다. 오히려 책이라면 치를 떨 정도로 싫어했고, 책 읽을 시간이 있으면 차라리 오토바이를 타고 거리를 활보하는 게 좋았다.

그러다 스물한 살에 우연히 책 한 권을 읽었다. 책의 내용을 떠나서 책 한 권을 다 읽었다는 사실에 희열을 느꼈다. 그 후 손에서 책을 놓아본 적이 없다. 폭주족 문제아였던 내가, 우범 청소년 관리 대상이었던 내가 독서광이자 독서 경영 컨설팅 CEO라는 새로운 삶을 살게 된 것이다. 책을 읽기 시작한 후 내 삶은 놀랄 정도로 변했다. 우선 독서 전과 후의 나를 몇 개의 키워드로 소개해보겠다.

책을 읽기 전의 나 :

부모님의 이혼, 새어머니의 학대, 폭주족, 문제아, 패싸움, 가출, 우범 청소년 관리 대상, 파출소, 경찰서, 법원, 지방 전문대, 학점 1.74, 게임 중독.

책을 읽은 후의 나 :

독서광, 하루 한 권 이상 책 읽기, 독서법·시간 관리법·독서 노트 작성법·다이어리 작성법 강의, 청소년 멘토, 포스코 자기계발 칼럼 연재, 각종 텔레비전·라디오 방송 출연 및 메이저 신문 인터뷰, 독서 모임 리더, 독서 경영 컨설팅 CEO.

나의 과거는 한마디로 불행 그 자체였다. 내가 한 살 때 부모님이 이혼했다. 나는 시골에 있던 할머니, 할아버지의 손에 맡겨졌다. 8년이 지났고, 재혼한 아버지가 나를 인천으로 데리고 갔다. 아버지는 재혼한 후에도 밖으로만 나돌았고, 새어머니는 그 모든 스트레스를 나에게 풀었다. 악몽과도 같았던 새어머니의 학대가 시작된 것이다. 친어머니가 나를 다시 데리러 오기까지 약 3년 반 동안 나는 제대로 된 밥을 먹어본 적이 없다. 이유 없는 매질에, 몇 시간이고 휘두르는 매질에 하늘이 노래지기 일쑤였다.

다행히도 친어머니와 다시 살게 되었지만 내 마음의 상처는 나을 기미가 없었다. 나는 초등학교 6학년 때 처음으로 가출한 후, 툭하면 집을 나갔다. 학대의 기억이 나를 옭아매어 성격은 점점 더 폭력적으로 변했고, 내 자아는 심하게 흔들렸다.

중학교 2학년 기말고사 때 커닝을 하다 들켜 두 과목이 0점 처리되면서 학업을 포기했고, 고등학생 때는 매일이 싸움 아니면 폭주의 연속이었다. 하루가 멀다 하고 사고를 쳐 파출소, 경찰서, 법원까지 드나들었다. 때문에 우범 청소년 관리 대상에 올라 형사에게 수시로 연락을 받았다.

고등학교 3년 내내 지각과 결석을 반복했고, 영어 과목이 있는 줄도 모른 채 학교에 다녔다. 수능 당일에도 유흥비를 벌기 위해 피자 배달을 하느라 시험지조차 보지 못했다. "너 이렇게 살면 사회에 나가서 쓰레기 취급밖에 못 받는다."라는 담임 선생님의 말에 돈만 내면 100퍼센트 합격하는 지방 전문대에 입학했다. 하지만 그때도 나는 하루하루를 의미 없이 보냈다. 게다가 게임 중독에까지 빠져 하루에 18시간씩 PC방에 틀어박혀 살았다.

이렇게 나는 학교와 세상, 어머니를 등진 채 사고만 치며 살았다. 그 누구도 나를 말리지 못했고, 아무도 나를 감싸주지 않았다. 아니, 누군가 내게 손 내밀려 했지만 내가 그 모든 손길을 밀어냈다는 표현이 옳을 것이다.

더 암담했던 것은 나와 비슷한 사람만 내 곁에 있었다는 사실이다. 근묵자흑, 먹을 가까이 하면 가까이 한 사람도 검게 물든다, 라는 말이다. 내가 검은 먹이었다. 나는 스스로 내 주위를 검게 물들이며 검은 사람들만 자석처럼 끌어들였다. 나는 내가 싫었다. 무식한 내가, 싸움만 하는 내가, 어머니 눈물의 이유인 내가, 미래가 전혀 보이지 않던 내가 끔찍하게 싫었다. 계속 이렇게 살다가는 정말 인간쓰레기로 남을 것 같았다. 변하고 싶었다. 하지만 어디서부터, 어떤 것부터 시작해야 할지 몰랐다. 그걸 가르쳐줄 사람도 없었다.

그러다 군대에 입대했다. 그리고 아주 우연한 기회로 책 한 권이 손에 들어왔다. 백혈병에 걸린 아들을 돌보는 아버지의 이야기였다. 나는 아무 생각 없이 책을 펼쳤고, 순간 신기한 일이 벌어졌다. 한 페이지를 읽으면 다음 페이지가 궁금했던 것이다. 내게는 처음 있는 일이었다. 나는 마치 무언가에 홀린 사람처럼 책을 읽어나갔다. 당시만 해도 신병이 책을 읽는다는 것은 있을 수 없는 일이었기에 나는 틈만 나면 화장실에 숨어서 책을 읽었다. 그렇게 한 권의 책을 다 읽었을 때의 희열이란! 나는 지금도 그때의 가슴 벅참을 잊을 수가 없다.

그 뒤로 장르 구분 없이 눈에 보이는 책을 몰래몰래 읽기 시작했다. 그러자 뿌리 뽑을 수 없을 것 같던 부정적인 마음들이 하나씩 뽑혀나갔다. 나의 과거와 비교도 할 수 없을 정도로 고통스럽고 힘든 상황을 극복한 이야기들을 통해 '나도 할 수 있다, 변할 수 있다.'라는 자신감이 생겼다. 나는 그제야 삶의 방향과 존재의 이유 등을 고민하기 시작했다. 그렇게 시간을 보내는 사이 나는 나조차도 감당하지 못할 정도로 변해갔다. 책이라는 한 줄기 빛이 커다란 태양으로 변해 나를 비추고 있었다.

일독일행(一讀一行), 당신도 변할 수 있다

책을 품에 안고 산 지 14년이 지났다. 책을 읽고 하나씩 실천하면서 어제의 나를 이기고 앞으로 나아가길 수없이 반복하면서 말이다. 그러다 보니 나도 모르는 새 '책을 읽고 이렇게 실천하면 성공할 수밖에 없겠구나!'라는 확신이 들기 시작했다. 나는 현재 회원 1만 명이 넘는 독서 카페와 하루 방문자 수만 2만 명이 넘어가는 자기계발 파워블로그, 1만 명이 넘는 팔로워를 몰고 다니는 SNS를 운영하고 있다.

책을 읽기 전에는 남들과의 경쟁에서 이기려 발버둥 쳤지만 이제는 남들과 경쟁하지 않는다. 경쟁자와 서로 도우며 앞으로 나아가려고 노력하고 있다. 책을 읽기 전에는 내 안의 두려움을 애써 극복하고 없애려 했다. 하지만 지금은 두려움 역시 나와 평생 함께할 동반자란 것을 깨닫고 두려움을 포용하며 앞으로 나아가고 있다. 책을 읽기 전에는 불우한 가정, 새어머니의 학대, 끝없는 방황, 문제아 낙인이라는 벽 앞에 스스로 좌절했지만 이제는 좌절하지 않는다. 내 앞을 가로막은 모든 벽들이 새로운 길을 안내하는 또 다른 문이라는 것을 깨달았기 때문이다. 이런 마음을 가질 수 있었던 이유는 오직 책을 읽었기 때문이다. 한 지혜로운 자는 "독서라는 것은 사람에게 있어서 가장 중요하고 깨끗한 일이다."라고 말했다. 일독일행, 한 권의 책을 읽고 한 가지만 실천한다면 당신이 원하는 삶을 살 수 있다.

《인생에 변명하지 마라》에서 이영석 사장은 '나는 똥개다!'라는 사실을 인정하면서 변화가 시작되었다고 말한다. 그렇다. 나도 마찬가지다. 있는 척도 해보고 유식한 척도 해봤지만 아무 소용 없었다. 금방 밑바닥만 드러날 뿐이었다. 대신 불평불만만 하고 있진 않았다. 나의 부족함을 인정하고 쉬지 않고 책을 읽었다. 앞으로의 인생을 어떻게 살아갈 것인지에 대해 치열하게 고민했고, 수많은 사람들에게서 무언가를 배우려 노력했으며, 내 삶을 보다 나은 삶으로 만들기 위해 최선을 다했다. 현실에 안주하며 불평불만만 일삼을 것인가, 지금이라도 책을 통해 보다 나은 삶으로 나아갈 것인가는 독자의 선택에 달려 있다.

능력도, 빽도, 스펙도 없던 사람이 책으로 귀해지는 법을 전파하고자 한다. 절대 '나'를 배신하지 않는 독서에 대한 이야기와 일독일행 비법들을 이야기하고자 한다.

"안 그래도 바빠 죽겠는데 언제 책을 읽어요?"

"책이 좋다는 건 알죠. 그런데 도저히 책에 손이 안 가요."

"책 많이 읽으면 뭐해요? 어차피 내용도 다 기억 못 할 텐데."

"내가 원하는 인생을 살고 싶어요!"

수많은 독서 모임과 강연에서 가장 많이 들은 질문과 푸념들이다. 이 말을 시작으로 독서법의 모든 것을 설명할 수 있다. 두 번째 장부터 소개하는 나의 일독일행 비법이 많은 이들의 독서 길잡이가 되길 바란다. 더불어 누군가의 마음에 작은 불이라도 지필 수 있기를 기대한다. 더 욕심을 내본다면 이 책을 읽은 독자들이 스스로 원하는 인생에 한 발 더 다가갈 수 있기를 원한다.

구제불능 문제아는 변했다. 아니, 완전히 새로 태어났다. 그러기까지 10여 년이라는 시간이 걸렸다. 이제는 독자들 차례다. 나의 10년을 길잡이 삼아 1년만 이 책대로 실천해본다면 보이지 않던 인생의 화살표가 눈에 들어올 것이다.

책이 나오기까지 열과 성의를 다해준 북로그컴퍼니 출판사 식구들에게 감사드리고 사랑하는 내 가족과 이 세상 유일무이한 기적 같은 내 아내, 언제나 힘이 되어주고 큰 도움을 주시는 (주)로사퍼시픽 이정교 대표님, 그리고 내 영혼의 샘물과 같은 어썸피플 식구들에게 이 책을 바친다.

유근용

| 차례 |

124

일독일행 3단계
: 한 권의 책을 나만의 책으로 만드는 비법!

Tips for Reading

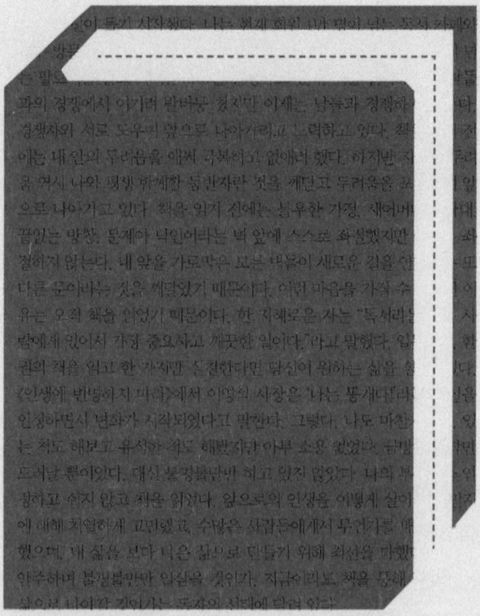

一讀一行

책을 읽기 전 VS. 책을 읽은 후

책 한 권으로 인생이 바뀌었다는 뻔한 얘기?

"나 같은 똥개도 할 수 있다!"

세상이 두려운 아이

부모님의 이혼, 그리고 새어머니의 학대

부모님은 내가 한 살 때 이혼했다. 나와 형은 그 후로 8년간 할머니, 할아버지 손에서 자랐다. 그러던 어느 날, 아버지가 재혼한 새어머니와 함께 시골로 찾아왔다. 아버지는 친어머니의 동의 없이 형과 나를 당시 아버지 집이었던 인천으로 데려갔다.

할아버지와 할머니 앞에서는 그렇게 자상하던 새어머니가 인천에 오자마자 숨겨두었던 본색을 드러냈다. 그녀와 3년 반을 살았다. 그 시간은 내가 살아온 인생 중 가장 불행한 시간이었다. 그때 우리 형제는 제대로 된 밥을 먹어본 적이 없다. 반찬은 많아야 한두 가지였고, 그마저 똑같은 반찬일 때가 많았다. 할머니가 우리를 위해 보내주신 수많은 음식들은 모두 새어머니의 친척들에게 돌아가기 일쑤였다.

아버지는 재혼한 후에도 밖으로만 나돌았다. 집에 오더라도 새어머니와 심하게 다툰 후 또다시 집을 나갔다. 아버지에 대한 새어머니의 배신감과 원망, 불신, 극심한 스트레스는 나와 형에게 고스란히 돌아왔다. 특히 아버지가 집에 없는 날은 우리 형제에게 공포 그 자체였다. 새어머니는 나와 형을 학대해야만 화가 풀리는 사람 같았다. 잦은 매질은 물론이고 교묘한 방법으로 우리를 괴롭혔다. 하루는 새어머니가 텔레비전이 있는 작은 방에 들어가지 말라는 말을 남기고 외출했는데, 우리는 설마 들키겠냐는 마음으로 그 방에 들어가 텔레비전을 보았다. 방에 있는 어떤 물건도 건들지 않았다. 그런데 집에 돌아온 새어머니는 우리가 그 방에 들어갔다는 걸 단번에 알아차렸다. 외출할 때 문틈에 표식을 해두었던 것이다. 결국 우리는 그 일로 심한 매질을 당했다. 한번 매질이 시작되면 두 시간이 기본이었다.

하루는 이런 날도 있었다. 새어머니가 갑자기 우리 방으로 들어와 책상에 있던 저금통 두 개를 갈랐다. 그리고 지폐와 동전들을 세어보더니 "왜 동생인 네가 형보다 돈이 더 많으냐? 어디서 돈을 훔쳤냐?"며 나를 윽박지르기 시작했다. 나도 형보다 내가 왜 돈이 더 많은지 알 수 없었다. 내가 제대로 답하지 못하자 또다시 매질이 시작됐다. 지금 기억으로는 다섯 시간도 넘게 맞았던 것 같다. 빗자루가 세 개 정도 부러졌을 때 나는 돈을 훔쳤다고 말했다. 물론 거짓말이었다. 그렇게 말하지 않으면 매질이 끝날 것 같지 않았다. 하지만 새어머니는 훔친 곳을 말하라며 더욱 거세게 나를 몰아붙였다. 새어머니는 늘 그런 식이었다. 사소한 것 하나까지 트집 잡아 나와 형을 때리지 못해 안달이 난 사람이었다.

그렇게 지옥 같은 시간을 보낸 지 3년 반. 나는 드디어 친어머니 품에 안길 수 있었다. 자식을 당신 품으로 데려와야 한다는 일념 하나로 미용 기술을 배운 어머니는 한 아이를 기를 수 있는 여유가 되자마자 나를 먼저 데려갔다. 그렇게 나는 형과 생이별했다. 그때가 초등학교 3학년 때다. 금세 만날 수 있을 거라 생각했던 형과는 성인이 되어서야 재회할 수 있었다.

세상은 암흑 그 자체였다

나는 친어머니 품에 안겼지만 새어머니에게 당했던 학대 때문에 마음을 열지 못했다. 상처가 아물기는커녕 세상 모든 게 암흑처럼 느껴졌다. 나는 비뚤어지기 시작했고, 툭하면 문제를 일으켰다. 학대로 인한 기억들이 나를 옭아맸기 때문에 점점 더 난폭해지고 극도로 예민해졌다. 초등학교 6학년 때부터 가출을 일삼았으며 중학생 때부터는 아예 학업을 포기했다. 비슷한 친구들과 매일 어울리며 하루가 멀다 하고 싸움을 했다. 여기를 가도 싸움, 저기를 가도 싸움, 그저 싸움의 연속이었다. 그러다 파출소까지 들락거렸다. 어머니도 나 때문에 수시로 학교와 파출소를 드나드셔야 했다. 어머니는 선생님들에게, 경찰들에게, 맞은 아이의 부모님들에게 매번 눈물로 사죄하셨지만 나는 절대로 어머니에게 죄송하다는 말을 하지 않았다. 그때는 오히려 그런 어머니가 창피해서 죽을 것만 같았다.

공부는 뒷전이었으니 당연히 실업계 고등학교에 들어갔다. 이제 막 개교한, 여러 동네에게 내로라하는 꼴통들이 모여든 학교였다. 입학 첫날부터 싸움 없는 날이 없었다. 나는 그런 분위기를 주도하며 막장 인생의 정점을 찍었다. 주중에는 오토바이를 타고 도로를 휘저었고, 주말이면 친구들과 광란의 폭주를 벌였다. 그리고 그 끝에는 늘 패싸움이었다. 파출소와 경찰서를 하도 들락거리다 보니 나는 어느새 우범 청소년 관리 대상에 올라 있었다. 때문에 수시로 형사의 연락을 받아야 했다.

나는 고등학교 3년 내내 지각과 결석을 반복했다. 영어 과목이 있다는 것도 몰랐다. (나는 누구나 아는 이 당연한 사실을 스물아홉 살 때 처음 알았다.) 시험 기간에 누가 가장 빨리 찍고 잠을 자는지 내기를 했을 정도로 생각 없이 살았다. 수능 날에는 수능 날인지도 모르고 피자 배달을 하느라 수능 시험장 근처에도 가보지 못했다. "너 이렇게 살면 사회에 나가서 쓰레기 취급밖에 못 받는다."라는 담임 선생님 말에 나는 될 대로 되라는 식으로 돈만 내면 100퍼센트 합격하는 지방 전문대에 입학했다. 그러니 대학 생활도 엉망이었다. 나는 책이라는 걸 거들떠보지 않았다. 무슨 수업을 듣고 있는지도 몰랐다. 하다 하다 게임 중독에까지 빠져 폐인처럼 온종일 어두운 PC방에만 틀어박혀 살았다.

돌이켜보면 내게 있었던 일들과 내가 저질렀던 일들은 어머니에게 크나큰 고통이었을 것이다. 감히 내가 상상하지도 못할 아픔이었을 것이다. 하지만 그때의 나는 내 아픔이 너무나 버거웠다. 내게 세상이란 암흑 그 자체였다. 사람들은 나를 무서워했지만 나는 세상이 두려웠다. 그렇게 누구에게랄 것도 없이 발악하며 살던 어느 날, 군대 영장이 날아왔다.

처음으로 책을 읽다

어두운 인생에 빛 한 줄기가 나타나다

나는 군에 입대하기 전까지 단 한 권의 책도 읽지 않았다. 내가 책을 처음 집어 들었던 기억은 초등학생 때다. 어머니는 20만 원이라는 거금을 들여 60권짜리 세계위인전집을 사주셨다. 당시 우리 집 형편은 굉장히 어려웠다. 어머니와 나는 따로 지낼 집이 없어 어머니의 미용실 한 쪽에 검은 커튼을 치고 그 안쪽 공간에서 생활했다. 보일러가 들어오는 곳이 아니라 한겨울에는 전기장판에 의존해야 했고, 두꺼운 이불을 두 겹, 세 겹 덮어야 겨우 잠들 수 있었다. 그런 형편에 20만 원이라는 돈은 상상할 수도 없을 만큼 큰돈이었다. 그만큼 자식이 책을 읽었으면 하는 어머니의 마음이 컸던 것이다. 하지만 나는 그런 큰돈을 휴지 조각으로 만들었다. '제발 몇 페이지라도 좋으니 꾸준히 읽어보라.'는 어머니의 말을 무시해버렸다.

중·고등학교를 거치면서 책과는 더더욱 멀어졌고, 스무 살이 되어서도 폐인처럼 살았다. 아무 생각도 없었고 아무런 꿈도 없었으며 아무것도 하고 싶지 않았다. 그저 루저처럼 시간을 죽이며 사는 게 일상이었다.

그러다 군에 입대했다. 솔직히 어떻게 하면 군대에 가지 않을까를 고민하며 밤을 새운 적도 있었다. 그때만 해도 군대 생활이 내 인생을 변화시킬 거라고는 꿈에도 생각하지 못했다.

나는 경기도 양주에서 군 생활을 했다. 전쟁이 나면 즉시 전차와 장갑차를 이끌고 북으로 올라가야 하는 예비 사단이었기 때문에 평소에도 훈련량이 굉장히 많은 부대였다. 게다가 당시의 군대는 지금처럼 자유 시간이 보장되지 않았다. 토요일이고, 일요일이고 일이 있으면 쉬는 시간도 없이 작업에 매달려야 했다.

그러던 어느 날, 정말 우연히 내 손에 책 한 권이 들어왔다. 어떤 연유였는지는 기억나지 않는다. 그리고 나는 스스로도 이상하다고 생각할 만큼 그 책에 빠져들었다. 백혈병에 걸린 아들을 돌보는 아버지에 대한 소설이었는데, 한 장 한 장 읽을 때마다 소름이 돋을 정도로 감정이 이입됐다. 게다가 워낙 흡입력이 좋은 책이라 뒷이야기가 궁금해서 견딜 수 없었다.

하지만 우리 부대는 절대로 책 읽을 시간을 주지 않는 곳이었다. 그러니 신입 이등병이 30명이 넘는 고참들 사이에서 여유롭게 책을 읽는다는 건 있을 수 없는 일이었다. 없는 일도 찾아서 하고 고참의 잡일까지도 대신해야 하는 게 그 당시 이등병의 역할이었다. 하지만 책 내용이 너무 궁금했다.

그때부터 '어떻게 하면 책을 읽을 수 있을까?'에 대해 고민하기 시작했다. 간절히 원하면 이뤄진다고 했던가. 끊임없이 생각하다 보니 두 가지 꾀가 떠올랐다. 첫 번째는 책을 옷 속에 숨겨서 조금의 틈이라도 나면 읽는 것이었고, 두 번째는 야간 근무 후 내무실로 복귀하기 전 짧은 시간 동안 책을 읽는 것이었다. 나는 작업 시간 50분 후 주어지는 10분의 휴식 시간에도 화장실로 뛰어가 옷 속에 있던 책을 꺼내 읽었고, 밥 먹는 시간과 잠자는 시간까지 줄여가며 책을 읽었다. 그런 시간들이 모이니 몇 주 만에 책 한 권을 다 읽을 수 있었다. 내 인생에서 처음 있는 일이었다. 그때의 환희는 지금도 잊을 수가 없다.

전투 독서를 시작하다

한 번 책에 재미를 붙이니 도저히 책 읽기를 멈출 수 없었다. 나는 부대에 책이 있을 만한 곳들을 샅샅이 뒤지기 시작했다. 마치 먹잇감을 노리는 맹수처럼 말이다. 그러자 있는 줄도 몰랐던 책들이 눈앞에 환하게 펼쳐졌다. 매일 24시간을 생활하던 부대에 그렇게 많은 책이 있는 줄 그때 처음 알았다. 읽을 책이 충분하다고 생각하니 군 생활에 대한 부담과 피로감이 절반으로 줄어드는 것 같았다.

실제로 책은 나에게 엄청난 에너지를 주었다. 책을 읽을 생각만으로도 가슴이 두근거렸다. 그동안 느껴보지 못한 감정이었다. 세상은 어둡고 암울하기만 한 줄 알았는데, 책이 나를 긍정적인 세상으로 이끌고 있었다.

첫 책 다음으로는 기능명장에 관한 이야기를 읽었다. 어렸을 때 부모님을 잃고 막일만 하며 살던 저자는 우연히 공장에 취직한 후 밤낮을 가리지 않고 일했다. 당연히 그는 초고속으로 성장했고 결국 대한민국을 대표하는 기능명장으로 우뚝 섰다. 부모님을 잃는 부분에서는 가슴이 찢어지는 것 같아 눈물이 멈추지 않았다. 동시에 5개 국어를 독학하는 모습에서는 말할 수 없는 존경심이 우러나왔다. 또한 고장 난 기계를 수십 번, 수백 번 분해하고 조립하며 결국 새 제품과 같은 성능으로 고쳐내는 모습에서는 인간 승리에 대한 깊은 감동을 느꼈다. 어려운 환경을 탓하지 않고 원하는 것을 끝까지 물고 늘어지는 저자의 모습에 나의 과거가 반추되어 반성할 수밖에 없었다. 나는 그제야 미래에 대한 꿈을 키우기 시작했고, 손에서 책을 놓지 않기로 마음먹었다.

나는 군대에 있는 책들을 전투적으로 섭렵해나갔다. 인문서, 자기계발서, 소설, 경제경영서, 위인전, 고사성어집 등 분야를 가리지 않고 손에 잡히는 대로 책을 읽었다. 물론 고참들의 눈을 피해야 했기 때문에 책을 읽는 데에 여러 가지 제약이 있었다. 야간 근무를 끝내고 읽어야 하는 경우도 많아서 잠자는 시간은 점점 더 줄어들었다. 하지만 고참들의 매서운 눈과 육체의 피로는 책을 읽고자 하는 나의 열정과 열망을 가로막을 수 없었다.

읽고
기록하고
실천하다

책이 주는 미션

어떻게 하면 더 의미 있는 독서가 가능할까에 대해 고민하던 차에 '책을 읽기 전과 읽은 후가 같다면 그건 책을 읽은 것이 아니다.'라는 문장을 만났다. 나는 그 구절이 너무나 마음에 들었다. 책을 잘 읽어내면 인생을 변화시킬 수 있을 거라는 믿음이 생겼다. 나는 책을 읽고, 좋은 구절을 기록하고, 실천해야 할 미션을 정하기 시작했다. 물론 군대라는 조건 때문에 원하는 모든 걸 실천할 수 없었다. 그중에서 내가 처음 시도한 미션은 바로 한자 공부였다. 그때까지 읽었던 몇몇 책들이 한자를 알아야 문장의 뜻을 제대로 파악할 수 있다고 말했기 때문이다. "한국어의 70퍼센트가 한자로 되어 있는데 한자를 모르고서 어떻게 제대로 된 독해력을 갖겠는가?"라는 말에 크게 공감했다.

하지만 문제가 있었다. 나는 단 한 번도 한자 공부를 한 적이 없었다. 그러니 어디서부터 어떻게 공부해야 할지 알지 못했다. 나는 다시 부대 곳곳을 살피기 시작했고, 행정반에서 유레카를 외쳤다. 한쪽 벽면에 '교육부 선정 1800 한자'가 붙어 있었던 것이다. 책과 마찬가지로 관심이 없을 때는 전혀 보이지 않던 자료였다. 나는 그 자리에서 1800개의 한자를 모두 외워보자, 라고 마음먹었다. 그리고 책을 읽고자 했을 때처럼 한자를 외울 방도를 모색했다.

공부의 기쁨을 맛보다

나는 아침마다 행정반에 들어가 손바닥에 한자 두 자를 적은 후 근무에 나섰다. 몰래 책을 읽는 것보다 몰래 한자를 외우는 게 훨씬 용이했다. 펼친 손바닥을 들여다보면 끝이었으니까. 무의미하게 보냈던 시간들이 공부하기에 최적화된 시간으로 바뀌었다. 처음에는 한자를 눈으로만 익히다가 점점 중얼중얼 소리를 내면서 익혔고, 어느 순간부터는 쓰면서 외우기 시작했다. 가만히 서 있을 때는 군화로, 단검이 있을 때는 단검으로 흙바닥에 한자를 써가며 외웠던 것이다. 그렇게 100일 정도 흘렀을까. 하루에 두 자씩 외우던 한자는 다섯 자가 되어 있었고, 거기에 고사성어도 하나씩 추가되어 있었다.

그즈음 우연히 신문을 볼 기회가 있었다. 그리고 정말 깜짝 놀랐다. 당시만 해도 신문에 한자가 많았는데, 나는 한 번도 막히지 않고 기사 하나를 읽어 내렸다. 그냥 한글처럼 읽혔다. 소름이 돋았다. 공부의 힘을 처음으로 느낀 것이다. 나는 책 한 권을 다 읽었을 때처럼 스스로에게 감동했다. 책에서 얻은 좋은 아이디어를 실천하면 좋은 결과가 나온다, 라는 걸 그때 확신했다. 나는 지금도 읽고, 기록하고, 실천하는 일독일행 독서를 게을리 하지 않는다. 거기서 익힌 좋은 습관들이 삶을 변화시키는 원동력이 된다는 것을 믿기 때문이다.

소중한 보물 세 가지

인생의 기회를 소중히 아껴라

나는 군대에서 세 가지 보물을 얻었다. 첫째가 내 인생을 되돌아볼 수 있었던 시간, 둘째가 책 읽는 습관, 셋째가 인생의 멘토다. 나는 이 세 가지 보물 덕분에 내 인생이 완전히 바뀌었다고 자신 있게 말할 수 있다.

솔직히 말하면 나는 자대 배치를 받기 전까지 '또라이'로 통했다. 모난 성격이 군 입대를 했다고 단번에 바뀔 리 없었다. 군대란 곳에 끌려왔다는 생각에 극도의 긴장과 스트레스가 표출됐고, 결국 시한폭탄과 같은 존재로 낙인찍혔다.

하지만 자대 배치를 받고 야간 경계 근무가 일상이 되면서부터 나는 바뀌기 시작했다. 몇 시간이고 먼 산만 바라보는 시간이 계속되니 문득 내가 어떻게 살아왔나, 돌아보기 시작한 것이다. 수많은 생각들이 교차했다. 그리고 결론은 늘 같았다.

'난 정말 잘못 살아왔구나.'

'나는 왜 그렇게 시간을 무의미하게 보냈을까?'

'지금부터라도 제대로 된 삶을 살아보자.'

'그런데 어떻게 살아야 하는 거지?'

고민에 대한 답을 얻지 못하던 중 군 지휘관으로부터 소중한 이야기를 듣게 되었다.

"군대를 시간 낭비라고 생각하지 말고 제대할 때 무엇 하나라도 얻어갈 수 있는 시간으로 삼아라."

그 말이 내 머리를 치는 것 같았다. '바로 저거야!'라는 생각에 가슴이 벅차올랐다. 그리고 그와 비슷한 시기에 마치 운명처럼 두 번째 선물 '책'을 만나게 되었다. 나는 일분일초도 헛되이 보내지 않기 위해 부단히 노력했다. 남들이 담배를 피우며 노닥거리는 시간에도 무조건 어디엔가 숨어서 책을 읽었다. 책은 더없이 소중한 선생님이자 친구였다. 그렇게 시작된 책 읽는 습관이 지금 내가 독서광으로 살아가는 밑바탕이 되었다. 군 지휘관의 말처럼 나는 독서라는 선물을 얻어서 제대할 수 있었던 것이다.

군대에서 얻은 나의 마지막 보물은 바로 군대 동기. 그는 명문대생이었는데, 나는 명문대에 다니는 사람을 군대에 와서 처음 봤다. 그러니 그와 이야기를 나누다 받은 충격은 이루 말할 수 없었다. 전혀 다른 세계에 사는 사람과 대화를 나누는 것 같아서였다. 그와 나의 지식 차이는 어마어마했다. 그는 말도 잘했고, 늘 차분했으며, 글도 잘 썼다. 워낙 똑똑해서 간부들도 그를 쉽게 보지 않았다. 내가 땡볕에서 땀을 흘리며 작업할 때 그는 시원한 사무실에서 서류 작업을 했다. 그 친구를 보면서 '사람은 공부를 해야 되는구나.'라고 절실히 깨달았다.

나는 그와 함께 있을 때마다 하찮은 존재가 되는 것 같았다. '내가 공부를 한다고 이 친구처럼 똑똑해질 수 있을까?'라는 의구심도 들었다. 하지만 그는 나를 무시하지 않았다. 오히려 우리에게 필요한 게 무엇인지, 앞으로 어떻게 살아가야 하는지에 대해 허심탄회하게 이야기하며 좋은 친구가 되어주었다. 그와 수많은 시간을 함께하며 배움의 중요성과 인성의 기본을 깨우쳤다. 그는 지금도 내게 큰 힘이 되어주는 친구이자 멘토다.

누구에게나 인생의 보물이 찾아오기 마련이다. 그때 마음을 활짝 열고 그 보물을 마음 깊이 받아들이면 '나' 스스로도 멋진 보물이 될 수 있다는 걸 나는 그때 깨달았다.

1년에 520권을 읽다

포기하지 않으면 길이 열린다

제대 후 학교로 돌아온 나는 열심히 공부해서 복학 전의 1.74라는 학점이 무색하게 올 A^+로 졸업했다. 하지만 지방의 이름 없는 전문대를 졸업한 내가, 좋지 못한 과거를 가진 내가 갈 곳은 생각보다 많지 않았다. 나는 방에 틀어박혀 나의 미래를 어떻게 만들어나갈 것인가에 대한 답을 얻기 위해 노트에 나의 단점과 장점을 적어 내렸다. 그리고 내가 좋아하는 것들도 나열했다. 그러다 '운동'이라는 단어에 펜이 멈춰 섰다. 나는 어릴 때부터 운동을 좋아했고, 운동을 가르치는 것도 좋아했다. 그러니 체육 선생님이 적성에 딱 맞을 것 같았다.

그길로 체대입시학원에 들어가 하루도 쉬지 않고 운동에 전념했다. 워낙 운동신경이 좋아 선생님들도 내게 거는 기대가 컸다. 하지만 그게 문제였다. 욕심만 앞선 운동이 몸을 만신창이로 만들어버린 것이다. 퇴행성 디스크와 척추협착증, 실명 위기 앞에서 결국 체육학과 편입은 수포로 돌아갔다. 워낙 열심히 노력했기에 실망이 컸다. 한동안 집 밖으로 나가는 것조차 싫을 정도였다. 그런 나를 안타깝게 여긴 친구 하나가 경찰 공무원에 대해 알려주었다. 그러자 다시 한 번 도전해보자는 마음이 생겼다. 그러나 이번에는 나의 범죄 기록이 발목을 잡았다. 합격된 사람 중 범죄 기록이 있어 합격이 취소된 전례가 있었던 것이다. (다행히 지금은 그 기록들이 모두 없어졌다.)

정말 막막했다. 10대와 20대를 싸움과 폭주, 게임으로 허비한 나 스스로가 원망스러웠다. 그렇다고 이대로 주저앉을 수는 없었다. 나는 이전보다 더 열심히 책을 읽었고, 자주 서점을 찾았다. 그러면서 나 스스로에게 계속 질문했다. '내가 경쟁력을 가지고 이 사회에서 살아남으려면 어떻게 해야 할까?' '내가 열심히 할 수 있고 완벽히 해낼 수 있으며 돈벌이까지 되는 일이 무엇일까?' 그러다 영어 공부법에 대한 책 한 권을 읽게 되었다. 체대 출신이었던 저자가 강남에서 가장 잘나가는 영어 강사가 되기까지의 이야기를 담은 책이었다. 그때 '너도 열심히 영어 공부해서 영어 때문에 고통받는 사람들에게 희망이 되어봐!'라는 외침이 들렸다. 신기하게도 그 꿈이 현실이 될 것 같았다.

인생이 혁명적으로 변할 수 있다면

나는 저자가 운영하는 학원에 등록해 새벽 6시 40분부터 밤 10시까지 풀타임 강의를 들었다. 당시 나의 목표는 영어 정복이었다. 때문에 기초가 전혀 없는 나는 남들보다 더 열심히, 더 많은 시간을 할애해 공부해야 했다. (나는 이때 처음으로 고등학교에 영어 수업이 있다는 걸 알았다.) 그렇게 정신없는 시간을 보내고 있을 때 학원에서 특강을 한다는 소식이 들렸다. 자기계발 관련 특강이었고, 내가 흥미롭게 읽은 책의 저자가 강사였던지라 나는 기대를 가지고 특강을 들었다. 그리고 역시나, 나를 자극하는 이야기를 듣게 되었다. 바로 매일 책 한 권을 읽는 사람의 이야기. 당시 나는 한 달에 평균 세 권의 책을 읽고 있었다. 그런 나로서는 감히 상상도 할 수 없는 일이었다. 그동안 책을 많이 읽고 있다고 자부했던 나 자신이 한없이 부끄러웠다. 그러면서도 '사람이 어떻게 하루에 책 한 권을 읽을 수 있지?' '하루 종일 책만 읽고 사나?' '확인할 길 없다고 거짓말하는 거 아냐?'라는 생각도 들었다. 하지만 특강이 끝나자 나는 나도 모르게 '하루에 책 한 권 읽기'라는 미션을 실행하겠다는 오기로 똘똘 뭉쳐 있었다. 책을 그렇게 1년만 읽으면 인생이 혁명적으로 변할 것 같았다.

결과는 어땠을까? 일주일 동안 얇은 책을 한 권씩 읽다가 포기해버렸다. 아무 계획 없이 무작정 책만 읽어나가다가 스스로 지쳐 나가떨어진 것이다. 해야 할 공부도 산더미인데 책 한 권 읽을 시간을 만든다는 게 생각처럼 쉽지 않았다. 주변 사람들은 '하루에 책 한 권 읽는다는 건 불가능해.' '그게 의욕만 가지고는 안 되는 일이야.'라는 위로 섞인 냉소를 보냈고, 나는 자존심에 심한 상처를 입었다. 나는 다시 한 번 하루에 책 한 권 읽기라는 미션을 수행해보기로 다짐했다. 그 미션을 포기한 지 한 달 반 만의 결정이었다.

나는 처음의 실패를 발판 삼아 책 읽을 시간을 확보하기 시작했다. 스스로 낭비하는 시간이 없는지 내 생활을 분 단위로 체크해본 것이다. 아침에 일어나 자기까지 모든 시간을 기록했다. 특히 그냥 흘러가는 조각 시간들을 확실하게 체크했다. 의외로 낭비되는 시간이 많았다. 나는 이 시간을 무조건 책 읽는 시간으로 만들었다. 그랬더니 평일에는 한 권, 주말에는 두 권의 책을 읽을 수 있는 시간이 확보됐다. 시간이 지날수록 날로 발전한 책 근육이 독서에 속도를 붙여주었다.

이렇게 꾸준히 9개월을 했을 때 나는 목표했던 365권을 다 읽을 수 있었다. 그리고 1년이 되었을 때는 520권의 책을 읽었다. 나조차 놀랍기만 한 수치였다.

억대 연봉이라는 기적

노력한 만큼 되돌아온다

1년 동안 520권의 책을 읽자 새로운 기회가 찾아왔다. 강남의 영어학원에서 일할 기회가 생긴 것이다. 정식 직원은 아니었지만 원하던 일을 배울 수 있는 절호의 기회였다. 나는 내게 온 기회를 놓치지 않기 위해 부단히 노력했다. 그렇게 맡은 강의를 열심히 진행하자 일한 지 세 달 만에 30만 원이 조금 넘는 월급을 받게 되었다. '강의를 너무 열심히 해줘서 강의비를 안 줄 수가 없네요.'라는 말과 함께 말이다.

당시 나의 영어 실력은 왕초보를 갓 뗀 상태였다. 실력은 초보였지만 나보다 더 실력이 부족한 사람들에게 영어를 가르치기에는 부족함이 없었다. 게다가 누구보다도 영어를 못했고, 누구보다도 영어를 잘하고 싶던 사람이 바로 나였기에 영어학원을 찾아오는 사람들의 간절한 마음을 잘 보듬을 수 있었다. 나는 그들에게 초보가 시도할 수 있는 수많은 노하우를 알려주었고, 시간이 날 때마다 책에 대한 이야기, 독서법에 대한 노하우도 강의했다. 그러자 수강생이 계속 늘어났다.

월급도 점점 많아지더니 13개월 차에는 꿈에 그리던 억대 연봉을 받게 되었다. 세금을 떼고도 1000만 원 가까운 돈이 통장에 찍혔을 때, 나는 내가 드디어 뭔가를 해냈다는 생각에 눈물을 흘렸다. 그동안 해왔던 노력에 대한 보상이었다. 범죄 기록 때문에, 시간을 허비한 대가 때문에 아무것도 할 수 없었던 1년 전과는 비교도 할 수 없는 상황이었다. 월급만 늘어난 것은 아니었다. 월급을 받기 시작하면서 어려운 아동을 정기 후원하기 시작했는데 1년 만에 국내외 아동 40명을 후원할 수 있었다. 내가 기부를 시작한 이유는 딱 한 가지였다. 내가 억대 연봉을 받을 수 있게 된 것은 내 곁에 있는 사람들의 관심과 정성 어린 도움 때문이었으니 나 또한 어려운 환경에 처한 사람들을 위해 내가 가진 일부를 나눠야 한다고 생각했던 것이다.

새로운 도전

하지만 영어 강사를 오래 하지는 못했다. 꿈이라고 생각했던 영어 강사를 하며 억대 연봉을 돌파했지만 시간이 지날수록 일에 대한 흥미가 떨어졌다. 수업을 철저히 하기 위해 강의 준비에 시간을 쏟다 보니 정작 내가 공부할 수 있는 시간이 많지 않았다. 정체된 나의 실력으로 사람들을 가르친다는 게 마음이 편치 않았다. 게다가 영어 수업 중간중간에 책 이야기를 할 때마다 몸과 마음에서 뭔가가 꿈틀거렸다. 영어보다 책에 내 인생을 걸고 싶다는 생각이었다. 책 이야기를 할 때가 가장 행복했고, 수강생들이 독서에 관한 어려움을 토로할 때 나의 독서 노하우를 알려주는 게 즐거웠다.

안정된 직장을 내려놓고 다시 새로운 꿈을 찾아 떠나야 할 것인가? 나는 이 질문 앞에서 여러 번 망설였다. 하지만 결국 나는 새로운 도전을 향해 다시 맨땅으로 뛰어나왔다. 조직에서 나왔으니 개인 브랜드가 필요했다. 하지만 내겐 책에 대한, 독서법에 대한 어떤 타이틀도 없었다. 나는 나의 도움이 필요한 사람들을 위한 무기를 가지고 있었지만 그걸 전할 수 있는 통로를 가지고 있지 않았다.

1만 명과 소통하다

여러 가지 고민 끝에 블로그를 시작했다. 블로그로 나의 브랜드를 만들기로 작정한 것이다. 매일매일 책 리뷰와 자기계발 관련 글을 열 개씩 올렸다. 긍정 명언과 영어 명언, 시간 관리 및 독서법에 대한 포스팅도 게을리 하지 않았다. 그렇게 미친 듯 블로그에만 매달렸다.

처음에는 아무런 반응이 없었다. 실망도 했지만 그럴수록 더욱더 좋은 콘텐츠를 만들어야겠다고 생각했다. 그렇게 세 달이 지나자 많아야 다섯 명이었던 하루 방문자 수가 3000명으로 늘어났다. 드디어 책을 사랑하는 사람들과 소통할 수 있는 통로를 갖게 된 것이다.

그즈음 '내가 하고 싶은 것으로 좋은 일을 하는 것, 그것이 세상을 위한 일이다.'라는 신념으로 독서 카페 '어썸피플'도 만들었다. 블로그뿐 아니라 독서 카페를 운영하며 나만의 영역을 확고히 가져가기 위해서였다. 나는 어썸피플을 만든 후 사람들의 참여를 기다렸고, 함께 책을 읽고자 하는 수많은 사람들의 행렬에 가슴이 벅차올랐다.

하지만 여전히 배가 고팠다. 책을 좋아하지 않는 이들과도 소통하고 싶었다. 해서 글쓰기 모임, 문화유적 답사 모임, 사진 모임, 봉사 모임, 운동 모임, 영화와 공연 관람 모임 등 꼭 책이 아니더라도 일상의 활력이 될 수 있는 모임들을 만들며 카페를 성장시켰다. 가치와 성장, 나눔을 함께 하려는 사람들 누구나 참여할 수 있는 공간을 마련한 것이다.

모임들이 체계가 잡히면서 정말 다양한 분야의 사람들과 소통할 수 있었다. '책을 제대로 읽기 위해.' '꿈을 찾기 위해.' '일상의 무료함을 깨기 위해.' '유능한 인재가 되기 위해.' '삶의 균형을 위해.' '다양한 사람들과 소통하기 위해.' 등 수많은 사람들이 각자의 이유로 어썸피플을 찾아왔다. 덕분에 2년도 채 되지 않아 어썸피플의 회원은 1만 명이 넘어섰고, 서로의 재능을 아낌없이 나누는 모임으로 더욱 발전해나갔다. 또한 청년들이 모여 믿음과 신념을 가지고 좋아하는 일을 해나가다 보니 지지해주고 응원해주는 사람들도 급속도로 늘어났다. 책을 함께 읽으며 희망만 얻은 게 아니라 개개인이 우리가 되고, 우리가 용기가 되어 많은 이들의 호응까지 얻게 된 것이다. 이 모든 게 꿈만 같았지만 새로운 도전이 준 선물은 이게 다가 아니었다.

인생을
바꾸는
일독일행

기회는 또 다른 기회를 낳고

블로그와 어썸피플을 시작한 지 6개월 정도 지났을 때 정말 다양한 기회들이 찾아왔다. 나의 삶을 녹여낸 독서 노하우들을 아낌없이 공개하니 언론 매체에서 먼저 관심을 보였다. 텔레비전 출연은 물론이고 메이저 신문과 인터뷰를 진행했다. 그러자 대기업에서도 자기계발 칼럼을 요청해 왔다. 시간이 지날수록 내가 예상하지 못했던 신기하고 의미 있는 일들이 나를 찾아왔다. 내가 그토록 원하던 나만의 브랜드가 구축되자 나만의 영역이 확고해진 것이다.

길에서 나를 알아보는 사람도 생겼고, 나를 찾는 매체들도 많아졌다. 물론 블로그와 카페의 덩치는 이전보다 훨씬 더 커졌다. 온라인뿐만 아니라 오프라인에서도 수많은 사람들과 만나 책 이야기를 나누었다. 또한 강연을 통해 일독일행 독서법과 시간 관리법, 독서 노트 작성법, 다이어리 관리법 등을 마음껏 전달했다. 그러자 누구에게 아쉬운 소리를 하지 않고도 나와 관심사가 비슷한 사람들을 모을 수 있는 힘이 생겼다.

사회에 악영향만 끼치던 내가 책을 통해 말도 안 되는 인생의 기적을 이루었다. 매일매일 책에서 배운 내용 중 단 하나라도 실천하려 노력하고, 나쁜 습관을 버리고 좋은 습관을 들이려 힘쓰며, 어제의 부족하고 나태했던 나를 끊임없이 이겨내면서 말이다.

나는 많은 사람들 속에서 많은 것을 배웠다. 그 중심에는 책이 있었다. 일독일행이 얼마나 중요한지 몸과 마음으로 수없이 느껴왔다. 이제는 그 깨달음을 나누고 싶다. 독서 잠재력은 누구나 가지고 있다. 그 잠재력을 깨울 수 있는 이야기를 해나가고 싶다.

자, 이제 책으로의 여행을 떠나보자. 즐겁고, 행복하게, 나를 돌아보며 더 나은 인생길로 나서보자!

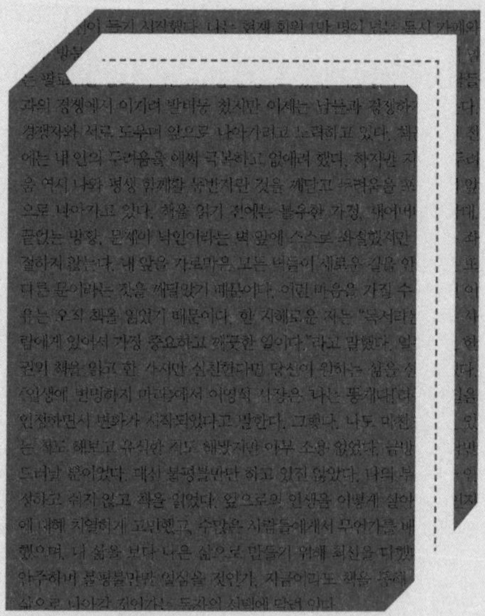

一讀一行

일독일행 1 단계

책 근육을 만드는 비법!

“안 그래도 바빠 죽겠는데
언제 책을 읽어요?”

'나'를 찾기 위한 여행

: 무엇을 원하는지 알아야 한다

어느 날 문득 드는 생각

내가 운영하는 독서 모임에는 정말 다양한 사람들이 참여한다. 직장인뿐만 아니라 대학생, 의사, 변호사, 사업가 등등 직업의 종류도 가지각색이다. 독서 모임에 처음 참여하는 사람들에게 늘 참여 계기를 묻는데 대부분이 허전함 때문이라고 답한다. 어느 정도 자기 일과 생활에 익숙해진 뒤에 찾아오는 헛헛한 마음을 채우기 위해 독서 모임에 참여한다는 것이다.

대한민국 직장인들을 예로 들어보자. 입사 전에는 스펙 쌓기에 여념이 없다. 토익학원도 다녀야 하고 다양한 경험도 쌓아야 하며 면접 스터디에도 참여해야 한다. 하루 24시간이 모자랄 정도다. 이렇게 스펙을 쌓으면서 자기소개서도 준비해야 하고 면접도 보러 다녀야 하는데 이 또한 엄청난 시간과 노력을 요하는 일이다. 이 시기에는 허전함을 느낄 새도 없다.

회사에 취직한 후에는 어떤가? 출근과 동시에 또다시 전쟁이 시작된다. 정신없이 일을 배우면서 시도 때도 없이 회의와 회식에 참석해야 하고, 자신이 일하는 곳이 어떤 곳인지 끊임없이 파악해야 한다. 시간 가는 줄 모르고 회사 생활을 하다 보면 어느 순간 '이건 아닌데….'라는 생각이 든다. 그제야 다음과 같은 질문을 던지며 자신을 돌아보게 된다.

'이게 진정 내가 원하던 삶인가?'

'앞으로 어떻게 살아가야 할까?'

이때가 바로 허전함을 느끼는 시기다. 앞만 보고 달리다 급하게 브레이크를 밟게 되는 시기 말이다. 이런 허전함을 채우기 위해 책을 집어 들게 되고 자신의 생각에만 매몰되는 걸 막기 위해, 그리고 좀 더 깊고 다양한 생각을 하기 위해 독서 모임에 참여하는 것이다.

당신은 당신이 원하는 것을 알고 있는가?

독서는 나의 생각과 타인의 생각을 비교하고 다른 사람의 삶과 이야기를 통해 나 자신을 변화시키는 행위다. 우리는 책을 통해 스스로도 알지 못했던 자신의 진짜 모습을 찾을 수 있다. 책이라는 거울을 통해 자신을 제대로 볼 수 있게 되는 것이다. 타인의 삶과 경험, 생각들을 알지 못하면 '나'를 정확히 알 수 없다. 타인의 말과 행동, 생각을 접해야 나 자신의 말과 행동, 생각이 그들과 어떻게 다른지 객관적으로 바라볼 수 있기 때문이다.

나는 책을 읽기 전까지 아무 생각도 없이 살았다. 내가 무얼 하고 싶은지, 뭐가 되고 싶은지, 어떤 삶을 살고 싶은지 되묻지 않았다. 그러니 다른 이들을 이해하지 못했고, 관계는 늘 뒤틀어졌다. 자신이 원하는 삶이 무엇인지 모르는 사람만큼 어리석은 사람은 없다. 때문에 나는 나 스스로가 정말 운이 좋은 사람이라고 생각한다. 한없이 불량하고 제멋대로 살던 내게 책이라는 선물이 주어졌으니 말이다. 그리고 책을 통해 인생 로드맵을 확실하게 그렸으니 말이다. 책벌레로 유명한 저널리스트인 다치바나 다카시는 《나는 이런 책을 읽어 왔다》에서 이렇게 말했다.

내가 알고 싶은 것은 단 한 가지였다. 나 자신은 대체 어떤 사람인가? 나와 나 자신은 어떤 관계를 맺고 있는가? 바로 이것을 알기 위해서 나는 계속해서 책을 읽어 왔고 삶을 살아왔다.

대부분의 사람들은 "~가 되고 싶다."라는 말만 되풀이할 뿐 실제로 자신이 무엇을 원하는지 질문하지 않는다. 아니 너무 어려운 질문이라고 생각해 답을 찾는 걸 두려워한다. 하지만 인생의 변화는 자신을 아는 것에서 시작된다. 자신을 알지 못하고 큰 발전을 이룬다는 것은 불가능하다. 책을 읽고 사색하는 시간을 가지면 스스로를 알아갈 수 있다. 더불어 앞으로 나아갈 길도 찾을 수 있다. 오직 자신만이 만들 수 있는 새로운 길 말이다. '나'를 잃어버렸다는 생각과 삶을 바꾸고 싶다는 마음이 간절할 때가 바로 책을 읽어야 할 때다.

만 배의 이익을 왜 마다하랴

: 책을 읽어야 하는 다섯 가지 이유

최고의 수익성을 보장하는 독서

중국 송대의 개혁 정치가 왕안석은 다음과 같은 말을 후대에 전한다.

"독서에는 비용이 들지 않고, 독서하면 만 배의 이익이 있다."

강연을 하러 가면 책을 읽어야 하는 이유가 무엇이냐, 독서가 우리에게 주는 이로움이 무엇이냐, 라는 질문을 자주 받는다. 나는 이 질문에 100가지의 답도 해줄 수 있다. 독서가 주는 만 배의 이익이 무엇인지 조목조목 설명할 수 있는 것이다. 하지만 이제 막 책을 읽고자 하는 독자들을 위해 가장 중요한 다섯 가지 이유를 알려주고자 한다.

1. 독서를 통해 간접경험을 할 수 있다

유한한 시간과 공간 속에서 일상을 살아가는 사람들에게 간접경험은 그야말로 마법의 세계나 다름없다. 또 다른 세계를 여행하고 다른 이의 우주를 경험할 수 있다는 건 크나큰 축복이다. 여러 저자들도 다음과 같이 말한다.

내가 경험할 수 있는 것은 이미 남들이 경험한 것이다. 어차피 겪게 될 것들이 어떤 것인지 알고자 한다면 아직 직접 경험하지 못한 것들을 남의 경험담을 통해 간접경험하는 것이 최선이다.

_ **《서른 살 직장인 책읽기를 배우다》** 중에서

독서는 간접체험을 통해 정규교육에서 얻을 수 없는 지혜를 연마하게 해주고, 다른 사람의 생각을 읽고 이해하는 능력을 키워주며, 다양한 분야를 통섭하는 방법을 알려준다.

_ **《시골의사 박경철의 자기혁명》** 중에서

세계에서 일어나고 있는 모든 일과 상황을 직접 경험해보는 건 불가능하다. 이런 불가능한 일을 가능케 하는 게 바로 독서다. 지금 앉아 있는 곳에서 시공을 초월해 어디든 갈 수 있고 무엇이든 상상할 수 있으니 말이다.

책에는 한 인간이 겪은 성공과 실패 등 모든 경험이 녹아 있다. 때문에 책 한 권에서 시련과 고통, 역경 및 좌절을 극복할 수 있는 노하우를 얻을 수 있고, 순수한 감동을 받을 수 있으며, 때로는 강한 정신력을 훈련할 수 있다. 그리고 인생을 변화시킬 수 있다. 나 또한 책이 없었다면 여전히 암울하고 어두운 세상에서 허우적대고 있었을 것이다. 나는 책을 통해 사람이 지켜야 할 도리가 무엇인지를 배웠고, 성공하는 삶을 위해 어떤 습관을 가져야 하는지를 배웠다.

2. 독서로 자신의 무지를 깨우칠 수 있다

독서를 하지 않으면 자신의 우물에 갇혀 살 수밖에 없다. 그러나 독서를 하면 수많은 우물을 퍼다 자신의 우물을 채울 수 있다. 세상에는 무수히 많은 생각들이 존재한다. 나는 그걸 몰랐다. 내 생각만 옳다고 고집하며 살았다. 그러니 주위의 충고나 조언도 들으려 하지 않았다. 나만 나의 무지를 모른 채 살았다. 하지만 다행히 책을 만나 조금씩 좁고 어두운 세상을 벗어날 수 있었다. 수많은 갈래의 길과 수없이 뻗어 있는 생각의 존재를 알고 나니 깨닫는 것들이 많아졌고, 내 세상은 그 전보다 훨씬 풍부해졌다.

3. 책을 읽으면 사람과 세상을 아름답게 바라보는 힘이 생긴다

책을 꾸준히 읽다 보면 사람을 보는 시선이나 관점이 부드러워지고 삶을 바라보는 시각도 달라진다. 선입견이 줄어들고 포용력이 늘어나기 때문이다. 나는 "주변에 좋은 사람들이 정말 많은 것 같다."라는 이야기를 자주 듣는다. 실제로 많은 사람들에게 과분한 사랑을 받으며 살고 있다. 책을 읽자 부정적이던 내가 변했고, 내가 변하자 좋은 사람들과의 관계가 자연스레 형성됐다. 타인의 생각과 행동을 이해해주는 것에서 시작한 인간관계는 사람과 세상을 좀 더 아름답게 바라볼 수 있는 힘을 주었다. 나는 지금도 이 간단하면서도 어려운 진리를 책을 통해 계속 배워나가는 중이다.

4. 독서는 '힐링' 그 자체다

나는 책을 읽으면 말로 표현할 수 없는 편안함과 풍요로움을 느낀다. 책을 읽는다는 생각만으로도 기분이 좋아지고 행복해지기 때문이다. 책 읽는 순간은 지적 허기를 채워주는 경이로운 시간이다. 더불어 인생이 좀 더 제대로 된 방향으로 나아가고 있다는 안정감을 주는 시간이기도 하다. 살면서 화가 나거나 불평불만이 가득한데 누구에게도 하소연할 수 없는 경우가 있다. 그럴 때 당신은 어떻게 하는가? 나는 조용한 곳으로 가서 책을 읽는다. 그러다 보면 복잡하고 어지러웠던 감정들이 차분해진다. 또한 불평불만으로 가득했던 마음을 반성하게 된다. 나는 지금껏 책 읽기보다 더 좋은 힐링 도구를 찾지 못했다.

요즘 힐링이 열풍이지만 독서야말로 힐링에 큰 역할을 한다. 감정회로를 활성화시켜 변연계 공명을 일으키기 때문이다. 그리고 지적 영역인 대뇌피질, 특히 전두전야에도 감동적인 지적 반응이 일어나기 때문에 전두전야 단련에도 큰 도움을 준다.

_《인생내공》 중에서

5. 책을 읽으면 자유로운 사고를 하게 된다

책을 많이 읽으며 생각하는 힘을 기른 사람들은 늘 자신감이 넘치고 사고가 자유롭다. 지식의 폭만큼 사고의 폭도 넓어지기 때문이다. 우리가 책을 읽는 이유는 머릿속에 글자를 우겨 넣기 위한 것이 아니다. 책을 통해 지식과 지혜를 습득하고 견문을 넓히기 위해서다.

습관이 성공을 부른다

: 작은 규칙부터 정하고 실행하라

어떤 성공 법칙보다도 중요한 것

처음 책을 읽을 때 자신만의 규칙을 만드는 것은 굉장히 중요하다. 규칙이 없다면 책 읽는 습관을 들일 수 없기 때문이다. 규칙이라고 하니 거부감 혹은 부담감을 먼저 느끼는 사람이 있을 것이다. 하지만 규칙이란 게 꼭 거창한 것만은 아니다. 책을 꾸준히 읽기 위한, 나약한 의지를 다잡기 위한, 다양한 선택의 기로에서 독서를 선택하기 위한 규칙이라면 어떤 것이든 상관없다. 정말 사소해 보이는 규칙이라도 말이다. 중요한 건 과도한 욕심은 금물이라는 것이다.

내 주변에는 책 읽기를 즐기는 사람들도 많지만 욕심 때문에 책 읽기를 포기한 사람들도 많다. 하루에 책 한 권을 읽는 나에게 자극받아 '나도 해봐야지!'라고 다짐하고는 일주일도 되지 않아 책을 집어던지는 사람도 봤다. 나는 하루에 책 한 권 읽기 습관을 만들기까지 마치 내일이면 세상이 끝날 사람처럼 시간을 관리했고, 세세한 규칙을 세워 부단히 노력했다. 그러니 하루아침에 그 일이 이뤄지길 바라는 건 욕심이다. 규칙을 반복적으로 실행해야만 습관으로 자리 잡는다. 때문에 쉬운 규칙부터 정해야 한다. 그리고 무한 반복하며 그 규칙이 습관으로 몸에 밸 수 있도록 끊임없이 노력해야 한다. "습관은 그 어떤 일도 할 수 있게 만들어준다."라는 도스토옙스키의 말처럼 좋은 습관을 갖는다는 것은 다른 어떤 성공의 법칙보다도 중요하다. 조선시대의 독서광 중 한 명이었던 정조도 다음과 같은 말을 남겼다.

"하루 동안 읽는 양이 많지 않더라도 매일 분량을 정해놓고 꾸준히 읽어나간다면, 일시적으로 많은 책을 읽고 중단한 사람보다 훨씬 더 좋은 성취를 거둘 수 있다."

책을 손에서 놓지 않기 위해, 원하는 것을 이루기 위해 '될 때까지, 반드시 한다!'라는 마음가짐으로 끊임없이 배우고 익혀나간다면 누구도 흉내 낼 수 없는 '온리 원'이 될 수 있다.

지금,
어디에
서 있는가?

: 독서 목표 세우기

한 달에 세 권, 책 근육 붙이기

앞에서도 말했지만 책을 꾸준히 읽으려면 책 읽기가 습관이 되어야 한다. 그러기 위해서 필요한 게 바로 책 근육이다. 단 하루 운동으로 멋진 근육이 생길 리 없다. 자신의 한계를 넘어서며 꾸준히 운동해야 누가 봐도 멋진 근육을 만들 수 있다.

마찬가지로 독서에도 책 근육이 필요하다. 책 근육이 없다면 책 한 권을 읽어내는 게 죽을 만큼 힘들다. 하지만 그 힘듦을 이겨내고 꾸준히 책을 읽다 보면 하루에 한 권도 어렵지 않게 읽을 수 있다.

책 근육을 만들기 위해서는 독서 목표를 정해야 한다. 목표가 없다면 성공에 이를 수 없다. '승리는 항상 준비한 자에게 돌아간다.'라는 말은 진리다. 독서 목표를 세울 때 중요한 것은 자신의 상황을 제대로 파악해야 한다는 것이다. 낭비하고 있는 시간이 얼마나 되는지, 집중력이 가장 좋을 때가 언제인지, 책을 읽는 속도가 어느 정도인지 알아야 현실적인 독서 목표를 세울 수 있기 때문이다. 욕심을 부려 실현 가능성이 없는 목표를 설정한다면 금방 지쳐 포기하게 된다.

군대에서 처음으로 독서란 걸 시작한 후 나는 부대에 있는 모든 책을 읽고 제대하고 싶다는 꿈이 생겼다. 부대에는 대략 80권 정도의 책이 있었다. 그 책을 다 읽으려면 한 달에 적어도 세 권은 읽어야 했다. 때문에 나는 내가 책을 읽을 수 있는 시간을 따져보기 시작했다. 앞에서도 잠깐 얘기했듯 화장실에 가는 시간, 작업 시간 중 쉬는 시간, 불침번이나 외곽 경계 근무 시간 중 짬을 낼 수 있는 시간을 1분 단위까지 계산했고, '한 달에 세 권 읽기'가 불가능한 계획이 아니라는 결론을 내렸다. 나는 꾸준히 책을 읽어나갔고, 이등병에서 상병으로, 상병에서 병장으로 진급할 때마다 다시금 나의 상황을 파악하며 시간을 조절해 정말 80여 권의 책을 모두 읽은 후 사회로 나왔다. 끊임없이 스스로의 상황을 파악하고, 세분화했던 목표를 달성하며 나 자신과의 약속을 지킨 것이다.

개인의 필요에 의해서든 자기계발의 일환이든 간에, 일단 독서를 하기로 마음을 먹었다면 먼저 그 목표를 구체화할 필요가 있다. 독서를 해야겠다는 마음만 앞서 아무런 계획 없이 무턱대고 이 책 저 책을 읽다 보면 쉽게 지칠 수 있다.

_ **《읽어야 이긴다》** 중에서

제대 후에도 '한 달에 세 권 이상 책 읽기'라는 목표는 꾸준히 지키며 살았다. 그렇다고 목표를 어긴 적이 없는 건 아니다. 그때마다 좌절했지만 어느 순간 인간이 완벽할 수 없다는 걸 깨달았다. 목표를 확실하게 세우고, 그 목표를 실현하려고 노력하는 것만큼이나 중요한 것이 실패했을 때 좌절에 빠져 허우적대지 않는 것이다. 목표를 향해 포기하지 않고 계속 책을 읽어나가는 게 책 근육을 붙이기에 가장 좋은 방법이다. 작은 성공은 또 다른 성공을 불러온다는 걸 잊지 말자.

Tips for Reading

책 근육을 위한 운동 지침

- 한 달에 몇 권의 책을 읽을 것인지 정한다.
- 하루에 몇 페이지씩 읽을 것인지 정한다. '30분 읽겠다.'보다 '10페이지를 읽겠다.'라는 목표가 더 좋다.
- 책을 읽을 수 있는 시간을 확인하고, 그 시간에 무조건 책을 읽는다.
- 혹여 그 시간에 책을 읽지 못했다 해도 좌절하지 말고, 그 다음 날부터 다시 꾸준히 책을 읽어나간다.

Just
10 minutes
: 책 읽을 시간이 없는 사람은 없다

책을 읽지 않는 사람들의 입버릇

다음은 지난 5년 동안 독서법 강의와 독서 모임을 운영하면서 많이 들은 말이다.

"어떻게 하루에 책 한 권을 읽으세요?"

"그게 가능한가요? 저는 한 달에 한 권 읽을 시간도 없어요!"

"저는 직장인(학생)이라 도저히 책 읽을 시간이 없어요!"

사람들은 "바빠서 책 읽을 시간이 없다."라고 입버릇처럼 말한다. 정말 시간이 없어서 책을 못 읽는 것일까?

내 주변에는 1년에 365권의 책을 읽은 사람들이 많다. 그중에는 한 해에 수십억 원의 매출을 올리며 누구보다 바쁜 삶을 살고 있는 젊은 CEO도 있고 어린 자녀를 세 명이나 키우는 워킹맘도 있다. 그 워킹맘은 아이 돌보랴, 주말에도 회사 나가랴 정신없이 바쁘지만 새벽 4시에 일어나 책을 읽는, 말 그대로 슈퍼맘이다.

물론 무리해가며 매일 책 한 권씩 읽으라는 건 아니다. "책을 단 한 줄도 읽을 시간이 없다."라는 게 핑계에 불과하다는 것을 알려주고 싶은 것이다. 책 읽을 시간이 없다고 푸념하는 사람들은 다음에 나오는 세네카의 말을 꼭 기억하고 되새겨야 한다.

"인간은 항상 시간이 모자란다고 불평하면서 마치 시간이 무한정 있는 것처럼 행동한다."

사실 학생들보다는 직장인들에게 책 읽을 시간이 없다는 말을 더 많이 듣는다. 월급 받으며 일하는 직장에서 개인적인 독서 시간을 확보하기란 쉽지 않을 것이다. 그렇다고 방법이 전혀 없는 것은 아니다. 하루를 30분만 더 일찍 시작하면 된다. 일찍 집을 나설수록 지긋지긋한 지옥철을 피할 수 있어 회사에 가는 동안 편하게 책을 읽을 수 있고, 아무도 없는 사무실에서 조용히 사색에 잠길 수 있다. 30분이면 보통 30페이지 정도를 읽을 수 있다. 그러니 일주일이면 충분히 한 권의 책을 읽을 수 있다. 점심시간도 독서 시간으로 활용할 수 있다. 보통 점심을 먹는 데 30~40분 정도 걸린다고 생각하면 남는 시간이 20~30분이나 된다. 그동안 책을 읽으면 된다. 물론 이 시간에 커피를 한 잔 마실 수도 있고, 낮잠을 잘 수도 있으며, 동료들과 이야기를 나눌 수도 있다. 하지만 그렇게 시간을 보내면서 "나는 책 읽을 시간이 없어요."라는 말하는 건 어불성설이다.

초시계로 독서 시간 파악하기!

그래도 책 읽을 시간이 없다면 초시계를 활용해보자. 2009년, 나는 1년 동안 365권의 책을 읽겠다는 목표를 세웠다. 그리고 5년 안에 2000권 이상의 책을 읽겠다고 다짐했다. 그 목표 앞에서 한 번 무릎을 꿇은 후에 무작정 책을 읽는 건 그만두었다. 대신 초시계를 가지고 다니며 분 단위로 시간 관리에 들어갔다.

우선 아침 기상 후 화장실에서 보내는 시간, 아침밥을 먹는 시간, 집에서 나와 학원까지 가는 시간(앞에서 말했듯 나는 그 당시 하루 풀타임 영어 수업을 듣고 있었다.), 점심을 먹은 후 본 수업 전까지 남는 시간 등등 내가 인식하지 못하고 흘려보내는 시간을 확인했다. 그리고 그 시간들을 꼼꼼하게 기록했다. 그렇게 2주일 정도 지나자 하루에 내가 낭비하고 있는 시간이 서너 시간이라는 걸 알게 되었다. 나는 그 시간을 책 읽는 시간으로 채워나가기 시작했다. 짧은 거리를 이동할 때도 책을 읽었고, 지옥철 안에서도 책을 읽었으며, 점심과 저녁을 먹은 후에도 책을 읽었다. 시간 관리를 철저하게 하다 보니 내가 어떻게 살고 있는지도 덤으로 알 수 있었다.

이렇게 독하게 마음먹고 낭비하는 시간 없이 책을 읽으니 1년에 무려 520권의 책을 읽을 수 있었다. 1년 동안 365권의 책을 읽겠다는 목표보다 더 많은 책을 읽게 된 것이다. 그리고 내가 생각했던 것보다 더 짧은 시간 안에 2000권이 넘는 책을 읽을 수 있었다. 내가 남들보다 특출하거나 속독의 달인이어서가 아니다. 시간을 잘 쪼개보니 그 안에 책 읽을 시간이 있었기 때문이다. 단 10분이라도 매일 책을 읽는다면 책 근육이 붙을 수 밖에 없다. 그 근육이 수십, 수백 권의 책을 읽어나가는 데 크나큰 발판이 된다는 걸 기억하자.

Tips for Reading

리모컨과 멀어지기

사람들이 무의식적으로 리모컨을 누르면서 텔레비전 채널을 돌리는 시간이 하루 평균 30분 이상이라고 한다. 이 시간만 절약해도 독서 시간을 충분히 확보할 수 있다. 많은 사람들이 집에 들어가면 습관적으로 텔레비전을 켠다. 이 습관을 고쳐야 한다. 아니 버려야 한다. 리모컨 대신 책을 잡는 습관을 들여야 한다. 아예 눈앞에 보이는 리모컨을 치우고 그 자리에 책을 올려놓는 것도 좋은 방법이다.

좋은 스승이 좋은 제자를 만든다

:책 선택, 실패를 줄여라

생각보다 어려운 선택

많은 사람들이 책 읽기를 포기하는 이유로 두 가지를 든다. 바로 '시간이 없다.'와 '도서 선정이 어렵다.'라는 이유. 시간에 대해서는 앞에서 다뤘으니 이번에는 도서 선정에 대한 이야기를 해보자.

사실 독서 초보가 시중에 나와 있는 수만 권의 책 중에서 자신에게 맞는 책을 고르기란 여간 어려운 일이 아니다. 어떤 책이 좋은 책인지, 어떤 방식으로 책을 골라야 하는지 모르기 때문이다. 우리의 시간은 한정적이다. 책을 읽는 행위는 많은 시간과 노력을 필요로 한다. 없는 시간을 쪼개고 쪼개서 책을 읽었는데 그 책이 마음에 들지 않으면 책 읽기의 재미를 발견할 수 없다. 때문에 책을 올바르게 선택하는 건 무엇보다 중요한 일이다.

'좋은' 책이란 읽는 재미를 줄 뿐만 아니라 읽는 내내 열정과 에너지를 불어 넣어주는 책이라고 말하고 싶다. 여기서 중요한 건 자신의 수준에 맞는 책부터 읽기 시작해야 한다는 것이다. 덧셈, 뺄셈만 배운 사람이 미분, 적분을 할 수 없듯 수준에 맞지 않는 책을 읽으면 막연히 '책이란 어렵구나. 읽으나 마나야.'라는 편견이 생길 수 있다. 그러면 절대로 책과 가까워질 수 없다. 좋은 책을 만나야 좋은 경험을 할 수 있다. 그리고 좋은 경험을 거듭해야 멋진 인생을 살 수 있다.

책 선정이 어려운 사람은 다음에 나오는 네 가지 방법을 사용해보자.

1. 스테디셀러 위주로 읽어라

어떤 책을 읽어야 할지는 잘 몰라도 자신이 무엇에 관심이 있는지는 잘 알 것이다. 자신이 좋아하는 분야의 스테디셀러를 읽어보자. 대부분의 사람들은 베스트셀러에만 관심을 갖는다. 하지만 베스트셀러는 출판 흐름과 유행에 맞춰 나오는 편이기 때문에 열풍 끝에 사라지는 책들이 많다. 몇몇 책들은 출판사의 사재기에 의해 베스트셀러가 되는 경우도 있다. 때문에 베스트셀러를 선택할 때는 좀 더 신중하게 책을 살펴야 한다. 하지만 스테디셀러 목록은 오랜 기간 독자들의 사랑을 바탕으로 이뤄진

리스트다. 내용의 완성도나 재미 등 여러 면에서 독자들에 의해 검증된 책들이기 때문에 자신이 좋아하는 분야의 스테디셀러만 읽어도 흥미로운 독서 시간을 가질 수 있다.

2. 저자가 추천하는 책을 찾아 읽어라

책의 저자들은 일반 독자보다 독서량이 많다. 특히 자신의 분야에 대한 독서량이 상당하다. 때문에 책을 쓰면서 자신이 읽은 좋은 책들을 빈번하게 인용하고 소개한다. 이렇게 언급되는 책들을 한 권씩 읽어나가는 것도 좋은 방법 중 하나다. 나는 흥미롭게 읽은 책에서 소개하는 책들은 수첩에 적어놓았다가 반드시 찾아 읽는다. 하지만 여기서 기억해야 할 게 있다. 저자와 독자의 독서 수준이 같을 수는 없기 때문에 추천 도서라고 해서 모두 재미있을 수는 없다는 것이다. 만약 추천 도서가 너무 어렵거나 재미가 없다면 과감하게 책을 덮는 것이 낫다. 세상은 넓고 나에게 힘과 영감을 주는 책들은 많다.

3. 좋아하는 저자의 책을 연속해서 읽어라

앞에서 소개한 대로 스테디셀러와 저자의 추천 도서들을 읽다 보면 좋아하는 작가가 생기기 마련이다. 책 선택에 있어서 실패를 줄이는 가장 좋은 방법은 바로 좋아하는 작가의 책들을 찾아 읽는 것이다. 마치 존경하는 스승을 찾아가는 것처럼 말이다. 나는 인문학을 경영에 접목시켜

'사람 중심 경영'이라는 신선한 비전을 제시한 변화경영전문가 구본형 작가를 좋아한다. 《익숙한 것과의 결별》과 《깊은 인생》을 읽으며 작가의 매력에 흠뻑 빠져들었다. 나는 그가 신간을 낼 때마다 빠짐없이 구입해서 읽었다. 그러면서 변화에 임하는 자세와 잠재력을 끌어내는 방법, 삶을 진지하게 바라보는 마음가짐 등을 계속해서 배워나갔다. 아직 좋아하는 저자가 없더라도 걱정할 필요는 없다. 꾸준히 독서를 하다 보면 분명 좋아하는 저자가 나타난다. 시인일 수도 있고 CEO일 수도 있고, 교수일 수도 있다. 그러니 분야를 가리지 말고 폭 넓게 책을 읽어가며 자신만의 책 스승을 찾아보자.

4. 이 책, 저 책 꺼내서 읽어라

이 방법은 내가 알고 있던 유명한 책들을 거의 다 읽은 뒤에 사용한 방법이다. 시중의 스테디셀러와 베스트셀러, 그리고 주위에서 "이 책 좋더라." 하는 책들을 거의 다 읽었던 상황이라 앞으로 어떤 책을 읽어야 할지 막막했다. 주위에 책을 많이 읽는 사람도 없었고, 책을 추천해줄 만한 멘토도 없었다. 스스로 좋은 책을 찾아 읽어야 할 때가 되었던 것이다.

해서 생각해낸 방법이 바로 도서관 혹은 서점의 분야별 코너에서 여러 권의 책을 꺼내 비교하며 최종적으로 읽을 책을 결정하는 방법이었다. 우선 제목이 마음에 들면 읽기 시작해서 재미있으면 끝까지 읽었고, 그렇지 않으면 바로 다른 책을 찾아 읽었다. 이렇게 읽게 된 책 중에는 누가 일부러 추천해주지 않는 이상 존재조차 모를 책도 많았는데, 그런 책을 만날 때마다 나는 마치 보석을 찾은 것 같은 기분이었다.

자꾸
봐야
친해진다

:수불석권, 손에서 책을 놓지 마라

책의 무게를 즐겨라

나는 집을 나설 때 가장 먼저 책을 챙긴다. 서재를 한번 훑어본 뒤에 마음에 드는 책을 한 권 이상 챙기는 게 10년 동안 지켜오고 있는 나의 소중한 습관이다. 평상시에는 두 권, 여행을 떠날 때는 두 권 이상의 책을 챙긴다.

한 권도 읽기 힘든데 왜 두 권 이상을 챙기느냐고 물을지도 모르겠다. 책 욕심이 워낙 많아서이기도 하고, 집중할 수 있는 시간이 생기면 책 한 권을 금세 다 읽어버리기 때문이기도 하다. 더불어 시간과 장소에 따라 다른 책을 읽는 걸 좋아하기 때문이다.

이렇게 집을 나설 때마다 늘 여러 권의 책을 챙기다 보니 가방이 상당히 무겁다. 하지만 불만이 생기기보다는 그 무게만큼의 지식이 나의 내면을 풍부하게 채워준다는 생각에 즐거울 따름이다.

나는 예비군 훈련을 갈 때도 책을 챙겼다. 그리고 민방위 훈련을 갈 때도 책을 챙긴다. 사실 훈련을 받을 때 책을 가지고 들어갈 수 없게 되어 있다. 나 역시 예비군 1년 차 때는 책을 가져갈 엄두를 내지 못했다. 그런데 훈련 중 책을 읽을 수 있는 시간이 많다는 걸 알게 된 후, 책을 안 가져갈 수가 없었다.

나는 남들이 담배를 피우거나 잠을 잘 때 나무 뒤에 숨어서 몰래 책을 읽었다. 자유시간이 주어지는 저녁 시간에는 아예 책을 손에서 놓지 않고 잠자기 전까지 책을 읽었다. 가끔씩 조교에게 걸려 주의를 받거나 책을 빼앗기는 일도 생겼지만 문제가 되지는 않았다. 그때도 두 권의 책을 준비했기 때문이다. 훈련에 참여하는 사람들이 시간이 아깝다며 짜증을 낼 때 나는 책 읽을 시간을 덤으로 얻은 기분이었다.

이렇게 어디를 가나 책을 손에서 놓지 않는 좋은 습관 하나가 인생을 얼마나 풍요롭게 만들 수 있는지를 온몸으로 체험하며 즐기는 중이다. 수불석권(手不釋卷). 어디든 상관없다. 단 1분이라도 시간이 나면 책을 읽을 수 있도록 늘 책을 가지고 다녀보자. 독서는 절대적인 시간과 노력을 들여야만 가능한 행위라는 걸 꼭 이야기해주고 싶다.

버스나 지하철도 도서관이 될 수 있다

버스나 지하철을 탈 때면 사람들을 자주 관찰한다. 책을 읽고 있는 사람이 얼마나 되는지 헤아려보고 싶어서다. 그렇게 주의 깊게 관찰해본 결과 다섯 가지 유형이 있다는 걸 알게 되었다. DMB 시청하기, 음악 듣기, 지인과 카톡하기, 잠자기, 앞만 보며 멀뚱멀뚱 앉아 있기. 안타깝게도 책 읽기는 포함되지 않는다. 때문에 독서 중인 사람들을 보면 그렇게 반가울 수가 없다. 안면은 없지만 괜히 대화를 나눠보고 싶기도 하고, 상대가 읽고 있는 책에 대해 이야기해보고 싶기도 하다.

이동 시간만 잘 활용한다면 적어도 한 시간 이상을 독서에 투자할 수 있다. 처음에는 멀미가 나고 글자가 잘 보이지 않아서 포기할 수도 있다. 하지만 내 경험에 의하면 딱 3일만 견디면 몸이 적응한다. 눈이 나빠진다는 충고도 많이 들었지만 그렇게 10년 이상 책을 읽은 지금도 1.2의 시력

Tips for Reading **자가 운전자는 어떡해야 하나요?**

내가 이동 시간을 이용한 독서를 강조하다 보니 가끔씩 "차를 몰고 다니는 사람은 어떡해야 하나요?"라는 질문을 받는다. 이런 사람들에게는 오디오북을 추천한다. 의외로 오디오북을 모르는 사람들이 많다. 오디오북에는 글을 그대로 읽어주는 것도 있고, 저자나 명강사들의 강의를 담은 것도 있다. 종류가 책처럼 많지는 않지만 분야별로 다양하게 나와 있으니 관심사에 따라 선택해서 들어보면 좋을 것이다. 듣기가 읽기보다 편하기 때문에 아직은 독서가 부담스러운 사람들이 들어도 좋다.

을 유지하고 있으니 별로 개의치 않는다. 만약 3일이 부족하다면 일주일만 견뎌보자. 그래도 안 된다면 다른 방법을 강구해야겠지만 포기하지 말고 독서 장벽을 극복하고자 노력해보길 바란다.

책과 함께하는 것만으로도 자신 안에 있는 꿈을 펼칠 수 있는 소중한 원동력이 생긴다. 수불석권 습관은 당신의 의지에 달려 있다. 그리고 이 습관이 당신 인생을 변화시키는 좋은 습관의 시작이 될 것이다.

고수들은 '특급 노하우'를 가지고 있다

: 자신만의 독서법을 찾아라

모두를 위한 공부법은 없다

《영어 공부 절대로 하지 마라》라는 책이 선풍적인 인기를 끈 적이 있다. 나는 영어를 잘하고 싶다는 생각이 충만했을 때 이 책을 읽었다. 그리고 큰 충격과 환희에 빠졌다. 책은 영어를 무조건 듣기만 하라고 했다. 뜻은 몰라도 듣고, 따라 읽기만 하면 저절로 이해가 되고 말문이 트인다고 했다. 다른 일을 할 때나 잠을 잘 때도 영어를 흘려 듣는 게 도움이 된다고 했다. '아니, 이렇게 좋은 방법이 있었다니!' '이건 혁명이야!' '이런 식으로 영어를 공부하면 6개월 안에 영어 고수가 될 거야!'라며 그야말로 흥분의 도가니에 빠졌다.

하지만 결과는 어땠을까? 나는 한 달도 되지 않아 그 모든 방법을 포기했다. 아무리 들어도, 아무리 따라 읽어도 뜻을 알 수 없었음은 물론이요, 잘 때도 이어폰을 끼고 있다 보니 귀에 이상이 오고 만 것이다. 결국 시간과 노력, 돈(병원비)을 낭비하는 삼중고를 겪었다.

한때 간헐적 단식이 굉장한 인기를 끌었다. 주변 지인들 역시 너도나도 간헐적 단식을 하겠다며 난리도 아니었다. 하지만 결과는 어땠는가? 좋은 결과보다 부작용이 더욱 많았다.

이처럼 아무런 준비 없이 '책에 나온 내용이니까.' '남들도 다 하고 있는 방법이니까.'라며 무조건 따라 하다 보면 100퍼센트 실패할 수밖에 없다.

남들이 아무리 좋다고 하는 방법도 나에게는 맞지 않을 수 있다. 그리고 남들이 다 별로라고 하는 방법이 나에게는 맞을 수도 있다. 모든 사람들에게 들어맞는 공부법이란 없다는 게 나의 생각이다. 만약 그런 방법이 있다면 우리는 누구나 자유자재로 여러 개의 언어를 구사할 수 있을 테고 '~에 관한 법'이란 책도 지금처럼 쏟아져 나오지 않을 것이다.

나를 알아야 나만의 무기를 만든다

《내가 공부하는 이유》란 책을 보면 이런 이야기가 나온다.

일이나 인간관계가 뜻대로 풀리지 않을 때마다 사람들은 별자리나 혈액형,

심리 테스트가 말해주는 조언에 혹하는 경향이 있다. 아무리 미신을 믿지 않는 사람이라고 해도 자신의 별자리나 혈액형별 특징 하나쯤은 알고 있다. 그런데 나는 어떤 '공부 타입'이며 그 특성에 맞는 공부법은 어떤 것인지를 궁금해하는 사람은 별로 없다. 공부 타입이야말로 사람마다 가지각색인데 말이다.

전적으로 공감하는 대목이다. 나에게 가장 잘 맞는 공부법을 알아내는 건 무엇보다 중요한 일이다. 나는 책을 읽을 때 조용한 곳에서 읽는 걸 좋아한다. 그리고 글을 쓸 때도 조용한 도서관에서 써야 집중이 잘 된다. 친한 작가님 한 분이 '나는 약간 소란스러운 카페 같은 곳에서 집중이 잘 돼요. 그러니까 한 번 카페에 가서 글을 써보세요.'라고 조언을 해주셔서 노트북을 챙겨 바로 카페에 간 적이 있다. 하지만 나는 한 자도 쓰지 못했다. 조금만 소란스러워도 집중력이 흐트러져버렸던 것이다.

이렇듯 조용한 곳보다 조금은 소란스러운 카페나 패스트푸드 점에서 집중이 잘 된다는 사람이 있고 나처럼 도서관이나 조용한 집에서 집중이 잘 되는 사람이 있다. 또한 제목만 잡히면 글을 써내는 사람이 있고 미리 생각하고 고민해서 가이드라인을 잡아놓아야만 글을 쓸 수 있는 사람이 있다. 각자의 스타일이 있는 것이다. 독서법 또한 마찬가지다. 자신이 어떤 성향을 가지고 있고, 어떤 상황에서 집중이 잘 되는지 제대로 파악해야 자신에게 맞는 독서법을 찾을 수 있다.

그렇다고 남들이 말하는 방법, 특히 전문가들이 전하는 비법을 무조건 무시하라는 건 아니다. 참고는 하되 자신만의 방법을 찾기 위한 노력을 멈추지 말라는 말이다. 내가 이야기하고 있는 독서법 역시 나의 경험에서 나온 노하우일 뿐이다. 이 중에서 자신에게 맞는 방법을 찾아내 자신만의 책 읽기 방법을 고안해내는 건 독자의 몫이다.

독서 고수들에게는 공통점이 있다. 자신만의 독서법을 가지고 있다는 것이다. 그리고 더 좋은 방법을 적용하기 위해 끊임없이 노력하고 있다는 것이다. 공재불사(功在不舍), 성공은 중간에 그만두지 않음에 달려 있다, 라는 말이다. 실패했을 때 포기하면 늘 제자리에 머물 것이다. 하지만 실패에 굴하지 않고 계속해서 방법을 찾아나간다면 자신이 원하는 삶을 살 수 있다. 당신도 지금부터 시작하라. 자신에게 맞는 방법을 찾아내 자신만의 확실한 무기로 만들어 큰 힘을 발휘하기를 바란다.

Tips for Reading 내게 맞는 독서법을 찾는 법

- 과거에 자신이 공부했던 경험을 떠올려보자. 노트를 펼쳐놓고 기억을 더듬어가며 내가 어떤 상황에서 어떻게 공부했을 때 집중력이 가장 높았는지 적어보자.
- 지금 상황에서 가장 많이 노출되어 있는 상황과 알게 모르게 생긴 습관들을 정리해보자. 그런 뒤에 현실적인 독서 계획을 세우면 보다 효율적인 독서를 할 수 있다.

천 권 만 권 읽어 뭐하나?

: 일독일행! 책을 눈으로만 읽지 마라

책만 읽는 바보

책을 많이 읽는 사람과 올바른 독서를 하는 사람을 동일시해서는 안 된다. 책은 눈으로만 읽는 게 아니다. 그 속에서 배운 걸 행동으로 옮겨야 한다. 일독일행이 습관화된 사람이야말로 진정한 독서 고수다.

독서 관련 인터넷 카페를 통해 알게 된 사람이 있다. 그는 자신이 읽은 책 리스트를 자주 게시했는데 대부분 100권이 넘었다. 그 리스트는 그때그때의 베스트셀러와 분야를 막론한 다양한 책들로 가득했다. 마치 '1년에 1000권 읽기'라는 목표를 세운 사람 같았다. 그 친구를 우연히 오프라인에서 만날 기회가 생겼다. 책을 많이 읽는다고 자부하는 나조차 작아지게 만드는 사람을 만난다고 생각하니 설레었다.

하지만 기대와 달리 그와의 대화는 실망스러웠다. 지식이 많은 것 같기는 했지만 깊이가 없었고, 말이 정말 많았지만 실속이 없었다. 나는 그와 이야기하는 내내 마음이 불편했다. 에너지를 빼앗기는 느낌까지 들었다. 그는 불평불만이 많았고 실천에 대한 의지는 별로 없었으며 자신의 방대한 독서량만 자랑했다. 한마디로 실천이 결여된 책 읽기만 하다 책 속 세상에 매몰된 '바보' 같았다. 그와 이야기를 나누는 시간이 너무 고역이었다. 내가 생각한 '책을 많이 읽는 사람의 모습'과 전혀 달랐기 때문이다.

또 다른 친구의 이야기를 해보자. 그는 최근에 책에 빠져들었다. 나는 반가운 마음에 그를 만났고, 그는 나를 보자마자 이번 주에는 이 책을 읽었고, 저번 주에는 저 책을 읽었다며 스스로를 대견해했다. 그런데 그가 회사 이야기를 시작하자 나는 또 마음이 불편해졌다. 그는 쉬지 않고 불평을 늘어놓았다. "열심히 일하는데 회사에서 알아주지를 않아." "직원들 중에 마음에 드는 사람이 하나도 없어!" "회사를 때려치워야겠어. 나랑 맞지 않아. 차라리 사업이나 해야겠어." 나는 한동안 그의 불평불만을 듣고 있다가 질문을 던졌다. "그 책 읽었다며? 하나라도 실천해봤어? 책에서 이런 상황일 때 이렇게 해보라고 나오잖아. 그대로 시도는 해봤어?" 그는 내 질문에 아무런 대답도 하지 못했다.

독서 모임에서도 이런 경우를 자주 본다. 언젠가 감사에 대한 책을 읽은 적이 있다. 모임 날짜가 되어 사람들이 모였고 나는 감사 일기를 써본 사람이 있냐고 물었다. 단 한 사람도 손을 들지 않았다. 그럼 책을 읽으며 감사 일기에 대한 효과를 느꼈냐고 물었다. 대부분의 사람들이 긍정의 답을 했다. 충격이었다. 감사에 대한 책을 읽고 감사 일기의 효과를 알게 되었다면 하루에 단 한 가지라도 감사한 일을 적었어야 한다. 책을 좋아하는 사람들조차 일독일행의 중요성을 모르고 있다는 생각에 매우 안타까웠다.

사람들은 종교를 믿는다고 이야기한다. 하지만 종교에서 가르쳐주는 말씀처럼 행동하는 사람들은 많지 않은 것 같다. 성경을 천 번 만 번 읽으면 뭐하나? 그렇게 행동하지 않는다면 차라리 읽지 않는 편이 낫다.

_ **《인생에 변명하지 마라》** 중에서

이제 읽기만 하는 독서를 넘어서자. '넘버원'만 인정받는 사회에서 '온리 원'으로 우뚝 서기 위해서는 책 읽기뿐 아니라 실천 또한 필수다.

버틸 수 있는 힘

2012년과 2013년은 나에게 참으로 힘든 해였다. 하고자 하는 일마다 높은 벽에 가로막혔고, 잘못된 판단으로 그동안 모아두었던 수천만 원의 돈을 한순간에 날렸다. 체력은 물론 정신력까지 바닥이 났고 월세 낼 돈도 없어서 한동안 오토바이 배달 일을 해야 했다. 화불단행(禍不單行), 모든 화는 한꺼번에 온다는 말인데 당시의 내 상황이 그러했다. 책으로 심신을 단련해온 나였지만 한동안 멘붕 상태에서 헤어 나오지 못했다. 하지만 위기가 기회라고 하지 않았나. 나는 《인생에 변명하지 마라》를 다시 꺼내 읽었다. 그리고 내가 줄 친 부분들을 꼼꼼하게 훑어보았다.

"명심해라. 죽자고 하면 반드시 된다."

"남들과 똑같이 생활하고 즐길 거 다 누리면서 성공하고 싶다? 나는 그런 사람은 성공을 논할 자격이 없다고 생각한다."

"초심을 강조하면서 나는 항상 '짐승 같은 성실함만 있으면 성공한다'는 말을 덧붙인다."

"유치하다고 피하고, 창피하다고 피하고, 분명 실패할 거라고 피하고, 튀기 싫어 피하다 보면 남들과 똑같아질 수밖에 없다. 차별화를 주기 위해서는 수단과 방법을 가리지 말아야 한다."

나는 저자의 말에서 다시금 용기를 얻었다. 그리고 저자의 말을 행동에 옮기기로 마음먹었다. 나를 차별화할 수 있는 게 무엇인지, 나의 강점이 무엇인지 고민해보았고, 내가 다시 일어설 수 있는 방안으로 홍보 대행 사업이라는 걸 생각해냈다. 내가 사업에 뛰어들기 전 같은 분야에 100개가 넘는 업체들이 버티고 있었다. 하지만 나는 내 두 발과 열정, 초심을 믿기로 했다. 서울에 있는 모든 매장을 돌아다니며 사장님과 얼굴을 맞

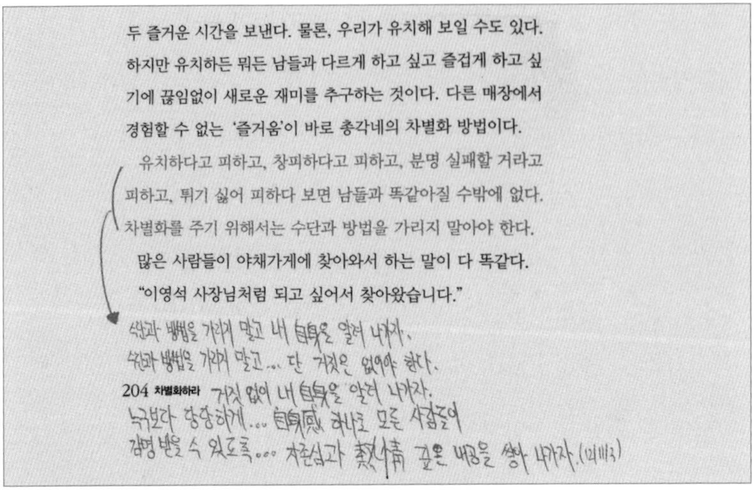

두 즐거운 시간을 보낸다. 물론, 우리가 유치해 보일 수도 있다. 하지만 유치하든 뭐든 남들과 다르게 하고 싶고 즐겁게 하고 싶기에 끊임없이 새로운 재미를 추구하는 것이다. 다른 매장에서 경험할 수 없는 '즐거움'이 바로 총각네의 차별화 방법이다.

유치하다고 피하고, 창피하다고 피하고, 분명 실패할 거라고 피하고, 튀기 싫어 피하다 보면 남들과 똑같아질 수밖에 없다. 차별화를 주기 위해서는 수단과 방법을 가리지 말아야 한다.

많은 사람들이 야채가게에 찾아와서 하는 말이 다 똑같다.

"이영석 사장님처럼 되고 싶어서 찾아왔습니다."

수단과 방법을 가리지 말고 내 自身을 알려 나가자.
수단과 방법을 가리지 말고... 단 거짓은 없어야 한다.
거짓 없이 내 自身을 알려 나가자.
누구보다 당당하게... 自身感 하나로 모든 사람들에게
감명 받을 수 있도록... 자존심과 熱情 굳은 내공을 쌓아 나가자. (12.11.13)

204 차별화하라

| 힘들 때일수록 책을 읽으며 '나'에게 힘을 주는 문장을 가슴에 담아보자.

대고 영업을 해나간다면 승산이 있을 거라 생각했다.

우선 사업자 등록을 하고 명함과 브로슈어 2000장을 만들었다. 그리고 강남에 작은 사무실을 열어 하루 8시간씩 영업을 뛰었다. 그러면 하루에 100~150군데씩 돌아다닐 수 있었다. 당시 나의 영업 방식은 무식했지만 정직했다.

우선 어느 지역에 갈지 정한다. 지하철로 그 지역까지 간다. 그리고 동선을 따라 눈에 보이는 모든 가게에 들어간다. 무조건 사장님을 찾는다. (종업원들은 내가 건네는 자료를 거의 쓰레기통에 넣었기 때문이다.) 사장님에게 명함과 브로슈어를 주면서 필요하면 꼭 연락을 달라고 말한다. 그리고 가게를 나와서 그곳이 다시 한 번 방문할 곳인지 아닌지를 체크한다. 또 다른 가게로 들어간다.

한겨울에 영업을 다녔기 때문에 정말 힘들었다. 수시로 그만두고 싶은 마음이 생겼다. 하지만 버텨야 했다. 어떡해서든 어려움을 극복해야 했다. 추위는 매서웠지만 내 열정까지 차갑게 만들지는 못했다. 하지만 또 하나의 벽이 있었다. 상처받은 자존심과 치욕스러운 감정. 식당이나 병원 등 각종 홍보가 필요한 곳에 들어가 영업을 할 때 나를 배려하는 사람은 없었다. 나를 잡상인 보듯, 벌레 보듯 거들떠보지도 않았다. 하지만 그 정도는 약과였다. 반말은 당연했고, 인간적으로 모멸감을 들게 하는 사람들도 부지기수였다. 내가 보는 앞에서 브로슈어와 명함을 박박 찢어 쓰레기통에 던져버린 간호사도 있었다. 처음 들어간 곳이지만 제발 그만 좀 오라며 소리를 지르고 욕을 하는 사람도 있었다. 상가 경비에게 쫓겨난 적도 있고 30분 넘게 훈계를 받은 적도 있다. 이럴 때면 너무나 분하고 억울해서 가지고 있는 브로슈어를 상대의 얼굴에 던지며 당장 그 자리에서 싸우고 싶은 마음이 들었다. 하지만 그럴 때마다 가방 속에 있는 책을 꺼내 읽으며 마음을 진정시켰다. 나보다 더 힘든 상황에서도 모든 어려움을 극복하고 사업을 크게 성공시킨 CEO들의 이야기를 읽으며 말이다.

나는 거절당할 때마다 더 열심히 뛰었다. 《10미터만 더 뛰어봐!》에도 나왔듯 성공은 발뒤꿈치부터 시작되는 거라고 믿었다. 그리고 얼마 뒤 더 이상 영업을 나가지 않아도 될 만큼 일이 쌓이게 되었다. 내게 일을 맡긴 사장님들은 하나같이 나의 열정을 크게 생각해주었다.

이처럼 책을 읽고 '아, 내용이 좋네!' '와! 이런 방법도 있었구나!' '이렇게 하면 성공할 수 있겠네!'라고 생각만 하는 건 아무런 소용이 없다. 순간의 감동과 열정, 짧은 지식 쌓기로 책 읽기를 끝내서는 안 된다. 무조건 실천이 뒤따라야 한다. 어느 책이나 배울 점이 있고, 그 속에 행동으로 옮겨야 할 숙제가 들어 있기 때문이다. 책 내용이 모두가 알고 있는 뻔한 내용일지라도 말이다. 책을 읽으며 자신의 모자란 부분을 채우고 인생을 변화시키겠다는 의지를 바람 앞의 촛불처럼 꺼뜨려서는 안 된다. 책을 읽었다면 반드시 행동으로 옮기자. 그래야 원하는 인생에 조금씩 다가갈 수 있다.

Tips for Reading 일독일행을 위한 첫 단추

- 책을 읽은 후 가장 감명 깊게 읽은 문장을 추려보자. 대체로 감명 깊게 읽은 부분은 자신의 현 상황을 돌아보게 하는 말일 경우가 많다.
- 그 문장들을 마음에 새겨질 때까지 반복해서 읽으며 그 문장의 행간까지 읽어내자.
- 그 문장들 중에서도 지금 내가 실행할 수 있는 것이 무엇인지 객관적으로 따져보자. 혹은 내게 가장 필요한 것이 무엇인지, 어떤 행동을 취해야 하는지 살펴보자. 그리고 무조건 실행하자.

독서광의 노하우

분야별 독서법

인문 · 고전 읽는 법

인문 · 고전에는 인간에 대한 통찰이 들어 있다. 삶의 지혜가 담겨 있고 인생을 어떻게 살아가야 하는지에 대한 방향도 제시되어 있다. 'How to'만 강조하는 책들과는 완전히 다른 가치를 지니고 있다. 하지만 인문 · 고전 읽기의 가장 큰 장애물은 '어렵다.'라는 것이다. 몇 장만 읽고 책을 덮는 사람들이 대부분이다. 이렇게 어렵고 멀게만 느껴지는 인문 · 고전을 다음과 같은 단계로 읽어보자.

- 어린이용으로 나온 책부터 읽어라. 처음부터 두꺼운 책을 접하면 부담이 크다. 어린이 코너에 가서 쉽게 설명된 책을 읽으며 전체적인 흐름을 살펴본 뒤에 중 · 고등학생들을 위해 제작된 책들을 읽어나가자. 이렇게 쉬운 책들을 몇 권 읽다 보면 배경지식이 쌓여 성인을 위한 책을 읽는 데에도 큰 어려움이 없을 것이다.
- 해설서를 읽어라. 해설서는 독자의 입장에서 원서 내용을 보다 쉽고 재미있게 풀어낸 것이기 때문에 책을 어떻게 읽고 이해해야 하는지에 대한 도움을 얻을 수 있다. 중요한 건 여러 사람의 해설서를 참고해야 한다는 것이다. 한쪽으로 치우칠 수 있는 견해와 해석을 방지하기 위해서다.

- 반복해서 읽어라. 어려운 책을 한 번에 이해할 수 있는 사람은 아무도 없다. 하루에 읽을 분량을 정해 꾸준히 반복해서 읽어보라. 어려운 책일수록 전체를 다 읽고 처음부터 다시 읽는 게 부담스럽다. 때문에 한 챕터나 읽고자 하는 분량을 두세 번씩 반복해서 읽어나가는 게 좋다.

소설 읽는 법

수만 가지 상황들과 수없이 많은 이들의 삶을 간접적으로 느껴볼 수 있다는 점이 소설의 매력이다. 소설은 속독과 권수에 대한 집착을 내려놓고 천천히, 깊이 있게 읽어야 글에 담겨 있는 복잡한 감정 묘사와 상황들을 제대로 파악할 수 있다. 이렇게 시간과 수고를 들인 책 읽기는 분명 개성 넘치는 열매를 선물해줄 것이다. 느리게 읽기의 장점은 다음과 같다.

- 책 속에 숨겨진 수수께끼와 비밀들을 발견할 수 있다.
- 작가가 설정해둔 미세한 장치까지 포착할 수 있다.
- 여유롭고 느린 독서의 과정에서 창조적인 생각을 할 수 있다.

자기계발서 읽는 법

자기계발서는 대개 자신의 부족함을 채우고자 하는 사람들이 읽는다. 때문에 어떤 분야의 책보다도 '실천'이 필요한 분야다. 물론 책 속에 있는 모든 내용을 실천할 수는 없다. 하지만 그중 한 가지는 바로 실천할 수 있다. 마음에 가장 와 닿았던 문장을 적고 바로 실천해보자. 다음은 책만 읽는 바보가 되지 않기 위해 행해야 하는 사항이다.

- '현재 나의 문제는 무엇인가? 그에 맞는 책은 무엇인가?'라는 질문을 던지며 자신에게 도움이 될 만한 책을 선정한다.
- 책을 읽은 후 본인에게 필요한 문장을 뽑는다. 그리고 가장 잘 보이는 곳에 적어 둔다. 사람은 망각의 동물이기 때문에 아무리 가슴에 와 닿았던 문장이라도 금세 잊어버린다. 매일 보고 또 봐야 한다.
- 뽑은 문장을 바탕으로 자신의 실천 지침을 만든다. 그리고 매일 지침을 잘 수행하고 있는지 체크한다. 3주 정도만 꾸준히 실천한다면 따로 체크하지 않아도 될 만큼 습관화될 것이다.

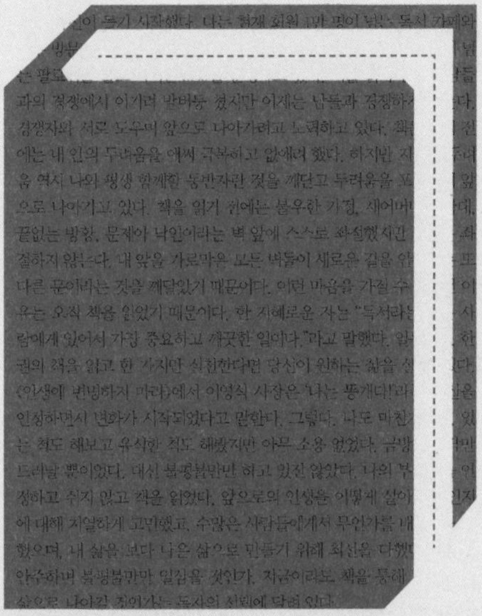

一讀一行

일독일행 2단계

책과 친해질 수밖에 없는 비법!

"책이 좋다는 건 알죠.
그런데 도저히 책에 손이 안 가요."

상대를 이해해야 친구가 될 수 있다

: 쉬운 책부터 읽어라

위인전을 무시하지 마라

하루에 한 권씩 읽겠다고 다짐했던 2009년 당시, 내가 가장 먼저 손에 쥔 책은 위인전이었다. 혹자는 두껍고 글씨가 깨알 같은 평전을 생각할지도 모르겠다. 하지만 내가 읽은 책은 위인전집이었다. 어머니가 제발 책 좀 읽으라며 거금을 들여 사주신 그 위인전집 말이다. 나는 20년이 흐른 뒤에야 그 전집을 완독했다. 지금 생각해도 살짝 쓴웃음이 지어지는 부분이다.

이 전집의 한 권은 100페이지 내외였다. 글씨도 크고 중간중간 그림도 있어 아무리 책 읽는 속도가 느린 사람도 두 시간이면 거뜬히 다 읽을 수 있는 책이다. 처음 이 책들을 창고에서 꺼냈을 때 곰팡이가 심하게 피어 있었다. 겉표지는 먼지와 오물로 뒤덮여 있었고 훼손이 심해서 과연 읽을 수 있을까 싶은 책도 여러 권이었다. 나는 책 한 권 한 권을 걸레로 깨끗이 닦아가며 차례차례 읽어나갔다. 도대체 무슨 바람이 들어 어머니의 속을 까맣게 태워가면서도 읽지 않았던 책을 20년이 지난 시점에 읽게 된 것일까?

여러 가지 이유가 있었지만 그중 가장 핵심적인 이유는 바로 책 읽는 습관을 들이기 위해서였다. 내가 처음 책을 읽었던 때가 2002년도다. 책의 매력에 빠진 건 분명했지만 2009년까지는 많아야 한 달에 다섯 권을 읽었다. 이 정도의 독서량으로 독서 습관이 잡혀 있다고는 말할 수 없었다. 이러한 상황에서 하루에 책 한 권 읽기를 다짐했으니 어땠겠는가. 엄청난 이해력과 집중력, 의지력이 필요한 건 물론이고 책에 대한 부담감을 없애는 게 급선무였다. 방법을 찾기 위해 몇 날 며칠을 고민했다. 그렇게 나온 결론이 '창고에 쌓여 있는 위인전집부터 읽어나가자.'였다. 없는 시간을 쪼개어 책을 읽던 때라 하루에 한 권 읽는 것도 버거웠다. 하지만 틈 날 때마다 한 권 한 권 읽어나가다 보니 어느 순간부터 책 읽기에 속도가 붙었다. 한 권 읽는 데 걸리는 시간이 두 시간에서 40분 정도로 줄어들었다. 한 달 평균 세 권이었던 독서량이 하루 한 권으로 바뀌니 이해력과 집중력은 말할 수 없이 높아졌다.

다 큰 성인이 초등학생들이나 읽을 법한 책을 읽는 걸 보며 의아해하는 사람들도 많았다. 하지만 나는 나의 부족한 부분을 잘 알고 있었기에 그들의 시선에 개의치 않았다. 남을 의식하며 내 수준과 맞지 않는 책을 들고 다니는 것보다 남이 손가락질하더라도 내 수준에 맞는 책을 읽는 게 현명한 일이라고 믿었다.

결국 나는 내가 목표한 전집 완독을 목표 시점 안에 달성했다. 쉬운 책 읽기를 통해 이해력·집중력 향상과 독서 습관화라는 두 마리 토끼를 모두 잡은 것이다. 만약 처음부터 너무 부담되는 책을 읽었다면 하루에 책 한 권 읽기라는 목표는 수포로 돌아갔을 것이다. 더불어 책을 읽는 습관도 제대로 들이지 못했을 것이다.

Tips for Reading

만화책 읽기도 독서인가요?

내가 어릴 때만 해도 만화책은 책으로 인정받지 못했다. 하지만 지금은 상황이 달라졌다. 만화책 역시 가치를 인정받게 된 것이다. 나는 만화책 읽기 역시 좋은 독서라고 생각한다. 나는 만화로 재구성된 인문서나 고전 읽기를 즐긴다. 특히 삼국지와 같이 긴 호흡이 필요한 책은 만화책으로 먼저 읽는다. 멋진 그림과 함께 내용의 핵심, 배경지식들을 잘 전달해줄 뿐 아니라, 책에 대한 흥미를 높여주고 어려운 책을 읽을 수 있게 하는 책 근육을 단련시켜주기 때문이다.

지친 영혼을 달래주는 달콤한 치료제

: 책장을 구입하라

책들의 아름다운 하모니

나는 책장에 꽂혀 있는 책만 봐도 행복하다. 마음이 풍요로워진다. 말로 표현할 수 없는 좋은 기운들이 온몸을 감싸는 듯하다. 나는 집을 나서기 전에 언제나 책장을 훑어본다. 반복해서 읽은 책들, 읽다가 멈춘 책들, 아직 읽지 않은 책들로 가득 차 있는 책장을 볼 때마다 독서에 대한 열정이 불타오른다. 짜릿한 자극은 덤이다.

사무실도 마찬가지다. 개인 공간 및 독서 모임 공간으로 사용하는 사무실의 한쪽 벽에도 책으로 덮여 있는 책장이 든든하게 서 있다. 내가 구입한 책들과 선물로 받은 책들이 한데 어울려 아름다운 하모니를 이루고 있다. 독서 모임에 참여하는 많은 분들이 책을 빌려달라고 하지만 나는 빌려주지 않는다. 경험상 책을 빌려주면 대부분 돌려받지 못해서이기도 하고 언제든 필요하면 나만의 흔적이 있는 책을 꺼내 볼 수 있어야 하기 때문이다. 책 한 권 한 권이 나에게는 너무나 소중한 보물이다.

독서광으로 가는 다리

나에게 있어 책장이란 지친 영혼을 달래주는 달콤한 치료제와 같다. 힘들고 지치고 어려운 일이 있을 때마다 나는 책장에 꽂혀 있는 책을 보며 위로를 받는다. 그리고 다시 일어설 수 있는 힘을 얻는다. 책을 바라보

Tips for Reading 책으로 할 수 있는 심심풀이 놀이

나는 매일 글을 쓴다. 일기도 쓰고 에세이도 쓴다. 하지만 늘 잘 써지는 건 아니다. 하루는 머리가 텅 빈 것처럼 아무런 생각도 나지 않았다. 글쓰기를 포기하려는 찰나, 책장에 꽂혀 있는 책 제목들에 눈이 갔다. 그리고 무심결에 그 제목들을 써 내려가다 보니 짧은 글이 완성됐다.
《프로페셔널의 조건》을 갖추기 위해 《지금 우리에게 필요한 것은?》 어떠한 문제도 포기하지 않고 《답을 내는 습관》, 《어떻게 사람의 마음을 얻을 것인가》를 알기 위해 끊임없이 노력하고 《사랑합니다, 감사합니다》를 매일 입에 담고 사는 여유. 이 조건들을 갖추기 위해 오늘도 순간, 순간 최선을 다하자!
이렇게 독자들도 책장에 있는 책 제목들로 짧은 글짓기를 해보자. 책장에 책이 많을수록 더 재미있는 시간이 될 것이다.

| 책장에 꽂혀 있는 책 모두가 보물이다.

는 것만으로도 힘이 될 때가 많다. 책은 읽는 게 중요하다고 말하고 있지만 책장에 빼곡한 책을 보며 독서에 대한 의욕을 고취시키는 것 또한 의미 있는 일이라고 생각한다.

아직 책장이 없다면 책장부터 구입하라. 그리고 그 안을 자신만의 책들로 차근차근 채워나가라. 그것만으로도 독서광으로 나아갈 수 있는 다리를 놓는 셈이다.

지금
당신이
가야 할 곳

: 약속 장소를 책이 있는 곳으로 정하라

늦는다고 화내지 마라

나는 군 제대 후부터 스물아홉 살 때까지 안양에 살았다. 하지만 초·중·고등학교를 강남에서 나왔기 때문에 대부분의 친구들이 강남에 살았다. 그러니 그들을 만나려면 내가 강남으로 갈 수밖에 없었다. 약속이 있을 때마다 나는 가장 오랜 시간을 들여 약속 장소에 나갔지만 늘 친구들을 기다려야 했다. 약속 시간이 한참 지난 후에 하나둘씩 나타나는 친구들과 말다툼을 하는 날이 잦았다. "가까이 사는 놈들이 왜 이렇게 약속 시간을 지키지 않느냐?" "늦을 수도 있지 뭘 그리 화를 내느냐?"라는 언쟁이 반복됐던 것이다. 때문에 3시에 친구들을 만나고 싶으면 아예 약속 시간을 2시로 잡았다. 그럼 얼추 3시 즈음에 친구들을 만날 수 있었다.

하지만 그래도 기다리는 일이, 그래서 화가 나는 날이 아예 없어진 것은 아니었다. 그러다 우연히 서점을 약속 장소로 잡았는데 친구들이 제시간에 나타나지 않아도 화가 나지 않았다. 눈앞에 널려 있는 책 중 아무거나 집어 들고 읽어나가느라 시간 가는 줄도 몰랐던 것이다. '조금만 더 읽을 수 있게 친구들이 더 늦게 왔으면 좋겠다.'라는 생각까지 했던 것 같다.

그 이후부터 나는 불가피한 상황이 아니라면 약속 장소를 무조건 서점 근처로 잡았다. 약속 장소에 가는 동안에는 대중교통 안에서 책을 읽었고, 도착해서는 서점에서 새로운 책을 읽었다. 상대가 늦더라도 책을 읽고 있으니 상관없었고, 혹여나 약속이 취소되더라도 읽던 책을 계속 읽을 수 있으니 문제될 게 없었다.

친구들과 놀 때도 서점 주변에서 크게 벗어나지 않았다. 그들과 헤어진 뒤에 책을 읽기 위해서였다. 나는 약속이 파하면 서점으로 달려갔고, 서점 영업이 끝날 때까지 약속 때문에 다 읽지 못했던 책을 마저 읽었다. 이렇게까지는 아니더라도 누군가를 기다리는 시간만 잘 사용한다면 한 달에 책 몇 권은 거뜬히 읽을 수 있다. 약속 장소를 정할 때 주변에 서점이 있는지 꼭 확인해보길 바란다.

에디슨과 빌 게이츠의 공통점

: 서점, 도서관에 미쳐라

열정과 에너지로 가득한 곳

나는 약속 장소로만 서점을 이용하지 않는다. 지식이 고플 때마다 서점으로 달려간다. 지인들과 함께 서점에 가는 날이면 '내 개인 도서관이야, 읽고 싶은 책 마음껏 읽어.'라는 장난도 친다. 하루에 한 번씩은 꼭 서점에 들르기 때문에 일부러 집도 서점과 가까운 곳에 얻었다. 사실 내가 서점 근처로 집을 얻게 된 가장 큰 이유는 책을 구입할 돈이 없어서였다. 독서량이 많아지다 보니 책값을 감당할 수 없는 지경에까지 이르렀던 것이다.

그저 서점을 방문하는 것만으로도 좋은 자극이 된다. 서점에 가지 않았다면 절대 알 수 없는 분야의 책은 물론이고 관심 분야의 신간들을 바로바로 만날 수 있기 때문이다. 더불어 짧은 시간 안에 출판 시장의 흐름까지도 확인할 수 있다. 게다가 그 많은 책을 공짜로 읽을 수 있으니 아무리 생각해봐도 서점에 가지 않을 이유가 없다.

우리는 늘 새로운 것에 흥미를 느낀다. 새 옷과 새 자동차를 구입할 때의 그 설렘을 새 책을 살 때도 똑같이 느낄 수 있다. 하지만 유행 때문에 금세 질려버리는 옷과 자동차에 비해 책은 끊임없이 설렘과 감동을 안겨준다. 책을 읽고 싶은데 책에 손이 잘 가지 않거나 현실에 지쳐 새로운 자극이 필요한 사람이라면 우선 서점에 가보자. 작은 서점이든 대형서점이든 상관없다. 책 에너지가 있는 공간과 책을 읽고자 하는 열정으로 똘똘 뭉친 사람들이 있는 공간에 서 있다면 당신 역시 그 에너지와 열정으로 가득 채워질 것이다.

Tips for Reading

인터넷 서점 vs. 오프라인 서점

인터넷 서점은 정말 편리하다. 클릭 한 번으로 책 정보도 얻을 수 있고 구매도 가능하다. 하지만 책의 두께에서 글씨 크기 및 가독성까지 어느 것 하나 제대로 판단하기가 힘들다. 인터넷 서점에서 제공하는 목차와 줄거리, 미리보기 등을 훑어봤을 때 재미있을 것 같아 책을 구매했지만 막상 읽어보면 마음에 차지 않는 경우도 허다하다. 때문에 책 선택의 실수를 줄이고 싶다면 인터넷 서점보다는 오프라인 서점에 가서 꼼꼼하게 책을 살펴본 뒤 구매하는 게 좋다.

하버드 졸업장보다 소중한 것

1990년대 말경 미국 잡지 〈라이프〉에서 근대 사회를 이끈 '1000년의 인물'을 선정했는데 1위를 차지한 사람이 바로 토머스 에디슨이다. 여든네 살에 세상을 떠난 토머스 에디슨은 평생 동안 1093건의 특허를 취득했으며 1300여 건의 발명품을 세상에 내놓았다. 그리고 그 발명품들 대부분이 상업적인 성공을 거두었다. 그가 설립한 GE는 오늘날에도 백열등을 비롯한 각종 가정용 전기제품과 발전 설비 및 산업용 엔진 등을 생산하는 세계 최고의 전기회사다.

"책은 위대한 천재가 인류에 남긴 유산이다."

_ 토머스 에디슨

에디슨이 발명왕과 사업가로 성공할 수 있었던 가장 큰 이유는 바로 독서였다. 그는 초등학교 시절, 수업 시간에 쓸데없는 질문을 많이 한다는 이유로 저능아 판정을 받았고, 곧 학교에서 쫓겨났다. 하지만 그의 어머니 낸시는 아들의 잠재력을 믿었고, 그 잠재력을 깨우기 위해 독서 교육을 선택했다. 그녀는 아들이 열두 살이 될 때까지 역사, 세계사, 위인전, 소설 등 다양한 분야의 책을 읽어주었다. 어머니의 노력 덕분에 책 읽기의 참맛을 본 에디슨은 디트로이트 도서관에서 살다시피 하며 그곳에 있는 책 대부분을 읽었다. 에디슨은 자신의 아이디어와 영감을 책에서 얻었다고 서슴없이 말한다. 그래서 연구소를 세울 때도 도서관을 가장 중요하게 생각했다고 한다.

마이크로소프트 전 회장 빌 게이츠도 “오늘의 나를 있게 만든 것은 동네 도서관이었고, 하버드 졸업장보다 소중한 것이 책 읽는 습관이다.”라고 말했다. 그는 저택 안에 1만 4000여 권의 장서들로 빼곡한 개인 도서관을 만들었고, 평소에도 그곳에 들러 수많은 책을 읽는다고 한다.

이처럼 천재라 불리는 에디슨과 최고 부자라 꼽히는 빌 게이츠의 공통점은 도서관을 사랑했다는 것이다. 도서관이 이 둘에게 미친 영향은 이들이 이루어낸 업적에 고스란히 담겨 있다.

이 책을 읽는 독자들도 서점뿐 아니라 도서관과도 친해졌으면 좋겠다. 이 작은 습관들이 당신의 인생을 위대하게 만들어줄 수도 있으니 말이다. 도서관에 가서 책을 읽지 않아도 좋다. 공부하지 않아도 좋다. 매장에서 옷 구경을 하듯 서가 사이를 마음껏 누벼보자. 책의 향기와 감촉도 직접 느껴보고 목차도 읽어보며 끌리는 내용이 있으면 그 자리에서 몇 페이지씩 읽어보자. 불현듯 내가 책과 하나가 되는 느낌이 들 것이다. 그 느낌만큼 황홀한 경험은 없다.

집착할수록 괴롭다
: 이해가 안 되면 넘어가라

징검다리를 다 밟아야 냇물을 건널 수 있는 건 아니다

"책을 읽다 보면 이해가 안 되는 부분이 많아요. 이럴 때는 어떻게 해야 되나요?"

이 질문은 "어떤 책을 읽어야 하나요?"만큼이나 많이 받는 질문이다. 그만큼 독서 초보들이 궁금해하는 부분인 것 같다. 책을 보다가 이해되지 않는 부분이 나오면 이해가 될 때까지 반복해서 읽는 사람도 있고 모르는 부분은 모르는 대로 넘어가는 사람도 있다. 내가 경험한 바에 의하면 후자가 더 좋은 방법이다.

많은 사람들이 '이 부분을 이해하지 못하면 다음 대목도 이해하지 못할 거야.'라는 불안감 때문에 모르는 부분을 반복해서 읽는다. 하지만 이러한 상황이 반복되다 보면 책 읽기에 지치게 되고 결국 책 읽기를 포기하게 된다. 책을 끝까지 읽으며 전체적인 흐름을 파악하면 이해의 폭이 넓어진다. 때문에 몰랐던 부분이 단번에 이해되는 경우가 많다. 그런데 당장 눈앞의 것을 무조건 이해하고 넘어가야겠다는 고집 때문에 계속 제자리 뛰기만 하는 것이다. 이런 사람들은 다음에 나오는 말들을 꼭 기억해야 한다.

"대부분의 사람들은 읽는 방법을 배우는 데 오랜 시간이 걸린다는 사실을 모른다. 나는 80년이 걸렸고, 지금도 완전하다고 말할 수 없다."

_ 괴테

한 번 읽고 두 번 읽었을 때 이해가 되지 않는 말은 아무리 노력해도 이해가 불가능한 것들이 대부분이다. 불가능한 것을 두고 미친 듯이 고민한들 소용없는 일이다. 지나친 집착은 오히려 '나는 안 된다'는 패배의식을 양산한다. 한두 번 읽고 '이런 말도 있네' 하며 그냥 넘어가야 한다. 일정한 시점이 되면 스스로 그 의미를 알게 되기 때문이다.

_ 《생산적 책읽기》 중에서

하나의 점만 바라보다가 전체를 놓쳐서는 안 된다

영문법 책을 예로 들어보자. 서문에 저자가 늘 강조하는 것이 있다.

"이해가 안 되고 잘 모르겠더라도 처음부터 끝까지 읽어라. 그게 가장 중요하다."

어떤 영문법 책도 처음부터 꼼꼼히, 이해가 될 때까지 읽으라고 말하지 않는다. 처음엔 어려울 수 있다. 이해가 되지 않을 수 있다. 하지만 계속 읽다 보면 전체적인 흐름 속에서 몰랐던 것들을 자연스럽게 알게 되는 경험을 하게 된다. 도대체 내가 뭘 읽은 거지, 하며 책장을 덮을 때 불현듯 깨달음이 올 수도 있다.

배울 것과 익혀야 할 내용이 많은데 이해되지 않는 부분만 계속 붙잡고 있다면 시간과 체력 소모가 너무 크다. 그러니 책을 읽을 때 좀 더 과감해질 필요가 있다. 모르는 것을 알기 위해 열심히 노력하는 건 당연한 일이지만 한 점만 바라보다가 전체를 놓치는 일은 없어야 한다.

지나친 완벽주의를 누가 좋아하랴

: 필요한 부분만 골라 읽어라

세상은 넓고 읽을 책은 많다

많은 사람들이 책 한 권을 다 읽어야 다른 책을 읽기 시작한다. 그 이유를 물어보면 다음과 같이 답한다.

"책 한 권을 다 보지 않고 다른 책을 읽으면 두 권 다 제대로 읽은 것 같지 않아요."

"이 책을 읽다가 저 책을 다시 읽으면 내용이 기억나지 않아서 다시 처음부터 읽게 돼요."

나 역시 '책은 무조건 한 권 한 권 완독해야 해.'라는 생각에 빠졌던 때가 있었다. 책을 읽을 때만큼은 완벽주의자가 되어야 한다고 생각했다. 활자 중독증 환자처럼 책의 모든 글자를 읽어야 직성이 풀렸다. 하물며 판권과 목차도 꼼꼼하게 읽었다. 그러던 어느 날 이런 생각이 들었다.

'이렇게 책을 읽는 게 과연 옳은 일일까? 이렇게 책 한 권을 완벽하게 읽는다면 평생 몇 권의 책을 읽을 수 있을까?'

책마다 정말 집중해서 읽어야 할 부분은 따로 있고 모든 페이지가 무조건 유익한 것은 아니라는 걸 깨달은 것이다. 좋은 책들은 지금도 계속 쏟아져 나오고 읽어야 할 책들은 산더미처럼 쌓이고 있다. 평생 책만 읽고 산다 해도 우리가 읽을 수 있는 책은 극히 제한적일 것이다. 때문에 자신에게 정말 필요한 부분을 골라 읽을 수 있는 '편집의 눈'이 필요하다. 그러기 위해서는 다음에 나오는 두 가지 조언을 명심해야 한다.

1. 목차를 살펴라

선택한 책에서 가장 먼저 목차를 살펴보고 자신에게 피와 살이 되어줄 부분을 체크한 뒤 그 부분을 가장 먼저 읽어라. 내가 관심 있는 부분이라 몰입도와 집중력이 유지된다. 그런 후에 나머지 부분을 읽어라. 분명 나에게 맞지 않거나 내가 굳이 알 필요가 없는 내용도 있을 것이다. 그런 경우에는 과감히 그 부분을 넘겨버려라. 내가 알고자 하는 것, 느끼고자 하는 것을 받아들이기에도 시간은 부족하다. 그렇게 책을 다 읽으면 나중에 다시 한 번 처음에 체크했던 부분을 읽어보길 바란다.

2. 완독에 대한 부담감과 의무감을 떨쳐버려라

내용도 잘 모르겠고, 재미도 없고, 감동도 없는 책을 읽어야 하는 것보다 더한 고역은 없다. 나는 하루에 한 권 이상 책을 읽기로 다짐하면서 무조건 완독을 목표로 했었다. 목표였기 때문에 그걸 지키려고 애썼다. 하지만 2년 전부터는 완독에 대한 부담감과 의무감을 버렸다. 한 달에 30권 정도의 책을 읽으면 그중 20권만 꼼꼼히 읽고, 나머지 10권은 필요한 부분만 읽는다. 정말 책을 많이 읽는 사람들을 만나 이야기해보면 그들의 독서 방법 역시 나와 다르지 않았다. 독서 초보일수록, 책 읽는 요령이 없는 사람일수록 책 한 권을 완독해야 한다는 부담감에 사로잡혀 있다. 마음의 부담을 조금만 내려놓자. 물론 독서 습관을 제대로 잡기까지는 완독을 목표로 두는 게 좋다. 책 근육을 만들어야 하기 때문이다. 하지만

Tips for Reading 집중력이 떨어졌을 때!

내게 꼭 필요한 책이라도 읽는 게 지루하거나 지칠 때가 있다. 그러면 집중력이 흩어져서 내가 지금 무얼 읽고 있는지도 모르게 되는 경우가 많다. 이럴 때는 동시에 여러 권의 책을 읽어라. 나는 보통 두세 권 정도를 돌려가며 읽는다. 우선 한 권을 읽다가 집중력이 떨어지면 다른 분야의 책, 특히 쉽고 재밌게 읽을 수 있는 책을 읽으면서 집중력을 이어나간다. 그리고 집중력이 다시 올라왔다고 판단되면 원래 읽던 책으로 다시 돌아간다. 공부법에 관한 책을 쓴 유명 저자도 영어를 공부하다가 집중이 안 될 때는 수학 공부를 하고 수학을 공부하다가 지겨워지면 영어 공부를 하며 집중력을 이어나갔다고 한다. 공부 고수의 집중력 유지 비법과 독서광의 집중력 유지 비법이 크게 다르지 않으니 꼭 실천해보기를 바란다.

어느 정도 책 읽기에 익숙해졌다면, 그리고 수많은 책을 통해 인생을 변화시키고 싶다면 '편집의 눈'으로 책을 읽어나가자. 어떤 책이든 자신에게 꼭 필요한 부분을 찾아 읽고, 그것을 흡수해서 자기화시키는 게 가장 중요하다. 한 권의 책에서 나를 일깨우고 피와 살이 되는 단 하나의 문장을 얻었다면 그것으로 충분하다.

당신이 읽은 글자 수나 페이지로 책의 가치를 책정하기보다 책 속에서 만난 문장과 깨달음이 당신의 생활에서 어떤 가치로 재생산되는지에 주목해보라. 몇 페이지밖에 안 읽었다 해도 거기서 얻은 배움이 일과 생활에 영향을 끼친다면 그 책은 당신에게 매우 중요한 의의를 지니고 있다. 반대로 의무감으로 책을 읽는다면 당신은 또다시 인생의 귀중한 시간을 허비하고, 당신에게 필요한 어떤 책을 접할 기회를 희생시킨 셈이다. 당신과의 만남을 기다리는 좋은 책들은 무궁무진하다.

_《수만 가지 책 100% 활용법》 중에서

세 명 중 한 명은 스승이다

: 이 책에서 배울 게 없다고?

인생을 변화시키는 원동력

자기계발서를 싫어하는 사람들이 있다. 이유는 한 가지다. 내용이 다 똑같다는 것이다. 몇 권 읽어봤더니 '이거 해라, 저거 해라!' 다 거기서 거기란다. 배울 게 전혀 없단다. 이해가 안 되는 건 아니지만 그런 말을 들을 때마다 안타까운 마음을 지울 수 없다. 왜 똑같은 이야기가 반복되고 있는지에 대해 고민해보지 않기 때문이다. 자기계발 분야의 전문가들이 어느 부분에서 한목소리를 내는 건 그만큼 중요해서다. 그러니 무조건 행동으로 옮겨야 한다. 책을 눈으로만 읽고 실천에 대한 열의 없이 불평불만만 일삼는 건 아무런 의미가 없다. 자기계발서나 소설이나 인문서 모두 마찬가지다.

같은 영화를 봐도 사람마다 감상평이 다르다. "또 열정 하나로 성공하는 이야기네. 괜히 봤어."라고 말하는 사람도 있고 "정말 열정은 사람을 변화시키는구나. 나도 오늘부터 저렇게 열심히 살아야지."라고 말하는 사람도 있다. 두 사람 중 인생을 변화시킬 수 있는 원동력을 가진 사람은 누가 뭐래도 후자 쪽이다.

오만함을 내려놓아라

나는 나에게 주어진 하루하루가 기적이라고 생각한다. 때문에 남들이 봤을 때는 그저 그런 일도 대단한 일로, 감사한 일로 다가온다. '사람이 무언가를 찾아내는 능력은 세상에 대한 경외감의 정도에 따라 차이를 보인다.'라는 말이 있다. 인간에 대한 사랑, 사회에 대한 관심이 없는 사람들은 어떤 순간에도 감동하지 못한다. 때문에 무언가를 배우지 못한다.

자신을 한번 돌아보자. 매일매일이 반복이라며 쉽게 짜증 내거나 화내고 있지는 않은가? 지루한 나날만 이어지고 있다며 한없이 무기력해 있지는 않은가? 꿈도 희망도 없이 오늘을 어제처럼 살고 있지 않은가? 만약 그렇다면 우선 세상을 아름답게 바라보려고 노력해야 한다. 그래야 보잘것없는 것 속에서도 배울 점을 찾아낼 수 있다. 사물을 바라보는 관점과 세상을 대하는 태도가 인생의 질을 결정하는 것이다.

만난 사람 모두에게서 무언가를 배울 수 있는 사람이 세상에서 가장 현명한 사람이다.

_ 《탈무드》 중에서

이런 사람이야말로 어떤 책에서도 자신에게 도움이 되는 것들을 뽑아 삶에 적용시킬 수 있는 사람이다. 무언가를 받아들일 때는 우선 '대단한 이야기도 없잖아! 배울 게 하나도 없어!'라는 오만함을 내려놓자. 아무리 악서라 해도 그 안에는 반드시 배울 점이 있다. 한 권의 책에는 한 사람의 인생이 통째로 들어가 있다. 저자의 생각과 느낌, 그동안 경험해왔던 삶의 흔적들과 희로애락이 모두 들어 있기 때문이다. 이런 책들을 제대로

Tips for Reading

독서는 생존이다!

생존을 위해서는 반드시 독서를 해야 한다. 책 읽기처럼 자신의 부족한 점을 깨닫게 하고 생각의 변화를 주며 체계적이고 검증된 정보와 해결 방법을 알려주는 것은 없다. 어느 책에서 독서는 '유일무이한 학습법이자 자기계발법, 그리고 자기경영법'이라고 이야기했다. 절대적으로 공감하는 말이다. 책을 읽지 않고서는 '나'라는 사람을 제대로 경영할 수 없다. 그러니 자신을 제대로 계발할 수도 없고 현대사회에서 생존하기도 어렵다. 그럼에도 불구하고 책을 읽는 사람들은 적다. 그냥 적은 정도가 아니라 심각할 정도로 적다. 하지만 이런 점이 오히려 책을 읽는 사람들에게는 기회일 수도 있다. 독서를 시작만 한다면 다른 사람들보다 훨씬 앞서갈 수 있을 테니 말이다. 돈이 크게 드는 것도 아니고 위험성도 없으며 생존할 수 있는 능력까지 갖춰지니 이만한 이익을 주는 행위가 또 어디에 있겠는가.

읽어보지도 않고 별것 아닌 것으로 치부해버린다면 앞으로도 배움의 기회를 놓치며 살게 될 것이다.

삼인행필유아사(三人行必有我師), 세 명이 길을 떠나면 그중 한 명은 내 스승이다, 라는 뜻이다. 누구나, 무엇이나 나의 스승이 될 수 있다고 생각하며 끊임없이 배우고 실천해나가자. 그러면 어느 순간 멋진 인생이 눈앞에 펼쳐질 것이다.

독서광의 노하우

책장 사용법

앞에서도 얘기했듯 책장은 정말 묘한 기쁨을 주는 물건이다. 모든 물건이 그렇듯 애정을 주지 않으면 아무 쓸모도 없는 것으로 전락한다. 나는 마치 보석함이라도 되는 것처럼 책장을 아끼고 사랑한다. 그래야 그 안의 보석들이 제 빛을 발하기 때문이다. 다음은 내가 나의 보석함을 사용하는 방식이다. 이 방식들을 기본으로 독자들도 자신만의 책장 사용법을 만들어보길 바란다.

책장은 최소 한 달에 한 번씩 정리한다

아무리 정리가 잘 되어 있다고 해도 시간이 흐르면 책들이 섞일 수밖에 없다. 바빠서 또는 귀찮다는 이유로 책을 읽고 아무 곳에나 놓아두기도 하고 새로 구입한 책들이 어지럽게 쌓이기 때문이다. 해서 주기적인 정리가 필요하다.

같은 분야의 책끼리 모아둔다

나는 인문 · 고전, 자기계발, 소설, 실용서, 영어, 경제 등 책을 분야별로 분류한다. 그래야 필요한 책이 있을 때 분야별 책장으로 가서 쉽게 관련 도서를 찾을 수 있기 때문이다.

관심 분야의 책들과 새로운 책들을 가장 잘 보이는 자리에 배치한다

특히 새로 구입하거나 아직 다 읽지 못한 책들은 손이 가장 잘 닿는 곳에 놓아둔다. 언제든지 꺼내 읽을 수 있도록 말이다. 다 읽고 난 책은 같은 분야의 책들이 있는 곳으로 옮겨둔다.

필요 없는 책은 과감히 정리한다

오래된 책과 흥미가 떨어진 책, 가지고 있어도 도움이 되지 않는 책은 필요한 사람들에게 선물하거나 중고 서점에 파는 게 현명하다. 비워야 또다시 채울 수 있기 때문이다.

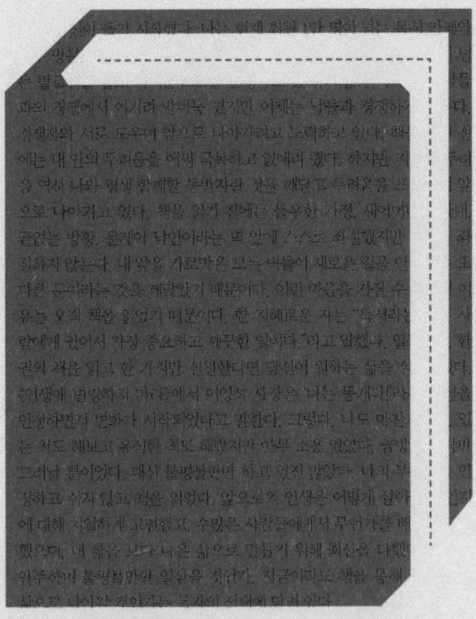

一讀一行

일독일행 3 단계

한 권의 책을 나만의 책으로 만드는 비법!

"책 많이 읽으면 뭐해요?
어차피 내용도 다 기억 못 할 텐데."

인간은 망각의 동물
: 요약해서 말하고 중요한 건 외워라

인정할 건 인정하자

없는 시간을 쪼개가며 정말 열심히 책을 읽었는데 막상 책을 덮고 난 후 내용이 전혀 기억나지 않는 무시무시한 경험을 해봤을 것이다. '내가 도대체 뭘 읽은 거지?'라는 생각이 들 때만큼 허무할 때가 없다. 하지만 이건 책을 읽는 사람이라면 누구나 겪는 과정이다. '머리가 나쁜가?' '기억력에 문제가 있나?' '책이 너무 어렵나?'라는 고민을 할 필요가 없다는 뜻이다. 중요한 건 자신이 모든 걸 기억할 수 없다는 걸 인정하고, 정말 기억하고 싶은 부분을 남기기 위해 무엇을 할 수 있을까를 고민해보는 것이다.

나는 책을 읽은 후 내용을 정리해서 다른 사람에게 이야기했을 때 그 내용이 가장 잘 기억에 남았다. 입으로 내뱉은 내용은 잘 잊히지 않는다는 건 과학적으로도 증명된 사실이다. 이 방법의 핵심은 책을 읽은 후 빠른 시간 안에 행해야 한다는 것이다. 시간이 지날수록 망각 곡선에 의해 책 내용이 희미해져버리기 때문이다. 책 전체를 완독한 후 이야기해도 되고, 한 챕터씩 읽은 후 이야기해도 좋다. 책의 핵심을 요약해서 말해도 좋고, 기억하고 싶은 문장을 전해도 괜찮다.

여기서 중요한 포인트를 한 가지 더 이야기하자면, 최소 두 사람에게 이야기하라는 것이다. 뭐든 반복할수록 효과가 오래 남는 법이다. 또한 너무 장황하게 설명하려고 하지 마라. 이야기하고 싶은 건 많겠지만 욕심을 버리고 최대한 간결하게 핵심을 전달해야 한다. 말이 많아지면 내 안에서도 내용이 꼬여버리기 때문이다. 그러면 누군가에게 이야기하는 것에 부담을 느낄 수도 있다. 단 한 줄이라도 상관없으니 짧고 간결하게 말하는 연습을 해보자. 혹시라도 주변에 책 내용을 이야기할 사람이 없거나 아직 그렇게 행동할 용기가 없거든 거울을 보며 혼자 중얼거려보는 것도 방법이다. 이것도 어렵다면 '비주얼씽킹'을 사용해보자. 책의 전체적인 줄거리와 핵심 내용을 한눈에 볼 수 있도록 그림으로 그려보는 것이다. 그림을 잘 못 그린다고 포기할 필요는 없다. 초등학생 수준의 그림이면 충분하다. 그것도 어렵다면 화살표를 그려가며 책 내용을 정리해보자.

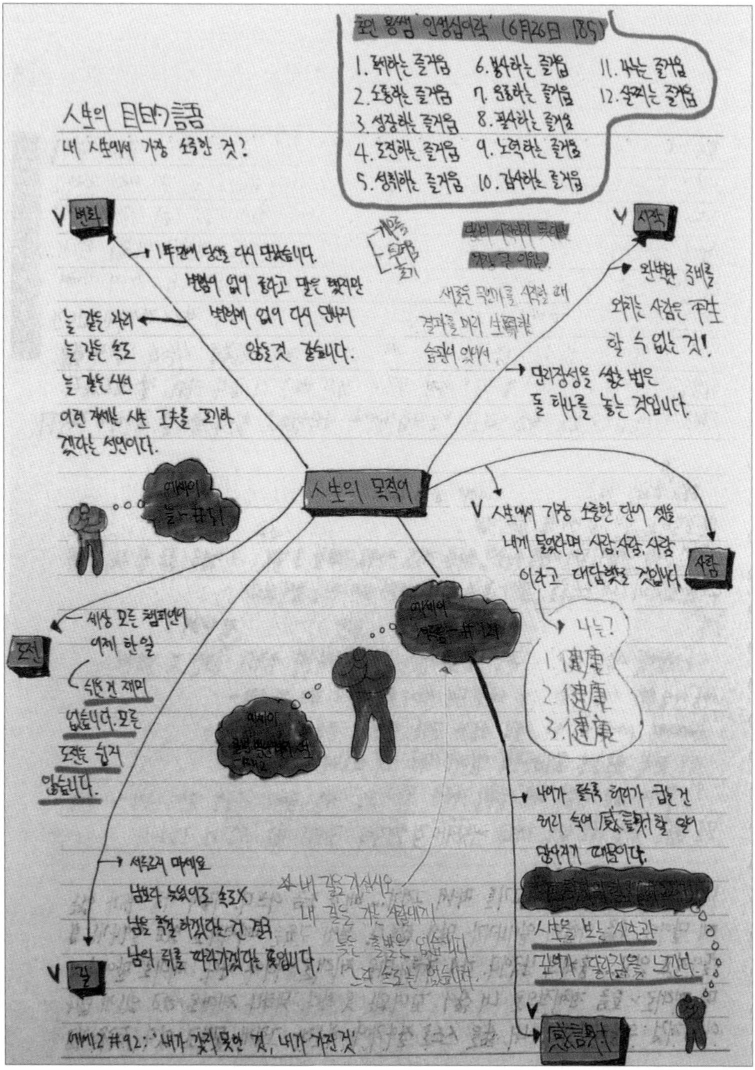

| '비주얼씽킹'의 예. 잘 그리려고 노력하기보다는 잘 정리하려고 노력하는 게 좋다.

써먹어야 득이다

책을 읽는 것과 책을 내 것으로 만드는 것은 전혀 다른 문제다. 자칫 잘못하면 책만 읽는 바보가 될 수 있다. 나 역시 한동안 책 권수에만 집착하느라 알맹이 없는 독서에 빠졌던 적이 있다. 핵심을 제대로 파악하지 못하니 '읽어도 남는 게 없다.'라는 생각만 들었다. 책을 읽기 전과 후가 달라야 한다고 굳게 믿었는데, 책이 현실적인 도움이 되거나 잘 활용되고 있다는 생각이 들지 않아 괴로웠다. 다시금 좋은 독서에 대한 고민이 시작됐다. 나는 다른 저자가 쓴 독서법 책을 모조리 찾아 읽었고 책벌레들에게 도움을 청했다. 그러면서 알게 된 게 바로 암기의 중요성이다.

반복해서 외우다 보면 어느 순간 '과연 그렇구나'라는 말이 튀어나오고 책 속의 진리가 현실세계로 내려와 앉는다. 그런데 이상하게도 그 다음부터는 그것을 잘 잊어버리지 않는다. 아마도 스스로 발견한 것에 대한 자긍심이 생겼기 때문일 것이다.

_**《생산적 책읽기》** 중에서

책에는 저자가 전달하고자 하는 핵심 메시지가 반드시 들어 있다. 내공이 깊은 저자일수록 그 핵심 내용을 더욱 알기 쉽게 전달한다. 책을 읽고 삶에 적용하기 위해서는 책이 말하고자 하는 내용을 외우고 곱씹어서 내 것으로 만드는 과정이 반드시 필요하다.

책을 읽다 보면 마음과 머리를 쾅, 하고 때리는 문장을 만날 것이다. 그걸 수첩이나 다이어리에 옮겨 적어라. 그런 후에 차근차근 외워나가야 한다. 하지만 문제는 여기서부터 발생한다. 옮겨 적은 문구가 한두 개가 아니기 때문이다. 내가 옮겨 적은 모든 걸 외운다는 건 사실상 불가능하다. 그러니 욕심을 버리자. 나의 경우, 한 권의 책에서 핵심 문장을 열 개 정도 발췌한 뒤, 그중에서도 가장 마음에 와 닿은 문장 두 개를 추려 그 문장만이라도 확실히 외우려고 노력했다. 물론 문장을 외운다는 것이 결코 쉬운 일은 아니다. 또한 외우는 것에 대한 거부감과 효과에 대한 의구심이 들 수도 있다. 그렇다면 우리 선조들의 책 읽는 방법을 떠올려보자. 그들은 끊임없이 읽고 끊임없이 외웠다. 회초리를 맞아가면서 문장을 외운 데에는 분명 이유가 있을 것이다. 여기서 중요한 건 문장을 완벽하게 외우는 것보다 문장을 체화시키는 게 훨씬 더 중요하다는 사실이다. 나는 《명심보감》을 읽으면서 '입은 화가 드나드는 문이요, 혀는 육신을 동강내는 칼이다.'라는 구절을 외웠다. 외우고 또 외우면서 뇌리 깊숙한 곳에 새겨지도록 노력한 결과, 입 때문에 문제가 되는 일이 확연히 줄어들었다. 입을 가볍게 놀리려는 순간 외웠던 문장이 바로 떠올랐기 때문이다. 정말 신기하고도 놀라운 경험이다.

다시 한 번 강조하지만 좋은 문장은 외워서 체화시켜야 한다. 그러기 위해서 다음의 방법들을 사용해보자. 간편하지만 묵직한 힘을 주는 방법들이다.

1. 휴대폰 녹음 기능을 사용하라

스마트폰에는 녹음 기능이 내장되어 있다. 책 속에서 찾아낸 보물 같은 문장들을 자신의 목소리로 또박또박 읽어 녹음하자. 만약《명심보감》의 '목종승즉직(木從繩則直)하고 인수간즉성(人受諫則聖)이니라.'라는 문장을 외우고 싶다면 그 문장을 그대로 말하고 '나무는 먹줄을 따라 손질해야 곧게 다듬어지고 사람은 간언과 충고를 받아야 지혜로워진다.'라는 뜻도 함께 녹음한다. 더불어 문장의 출처까지 정확히 입력해두는 게 좋다.

2. 녹음 음성을 반복 청취하며 따라 말하라

그 문장이 입에 익숙해지고 음성을 듣지 않고도 바로 말할 수 있을 때까지 반복해야 한다. 나는 아침에 일어나 가장 먼저 하는 일이 내가 녹음한 문장을 듣는 것이다. 취침 전에도 마찬가지다. 이렇게 듣고 말하는 걸 반복하다 보면 어느 순간 문장이 내 것이 되는 때가 온다. 그러면 그 문장을 일주일에 한 번, 한 달에 한 번만 들어도 잊지 않는다.

3. 휴대폰 카메라를 사용하라

휴대폰 카메라로 외우고 싶은 문장을 찍어둔다면 언제 어디서나 반복해서 볼 수 있다. 특히 대중교통 안이나 화장실에서 꺼내 읽기 좋다. 나는 책뿐만 아니라 간판, 명언, 플래카드 등 조금이라도 관심이 가는 글귀가 있으면 무조건 휴대폰으로 찍어놓는다. 그리고 그 모든 걸 지식 뱅크로 활용한다.

4. 외운 문장을 써먹어라

외운 문장은 반드시 다른 사람들에게 써먹자. 문장을 상황에 맞게 사용할 수 있게 되는 순간이 그 문장의 참뜻을 깨닫는 순간이다. 그저 책에 딱딱하게 박혀 있는 무미건조한 글자가 아니라 현실에서 살아 움직이는 지혜가 되는 것이다. 책을 읽어도 남는 게 없다고 느껴지는가? 도움이 되지 않는다고 느껴지는가? 그렇다면 책의 핵심을 외우려고, 체화해보려고 노력해보자. 책 읽기가 더욱 흥미로워질 것이고, 세상과 사람을 이해하는 폭도 넓어질 것이며, 지혜의 샘도 점점 더 깊어질 것이다.

Tips for Reading 독서 어플을 사용하자

요즈음 스마트폰을 쓰지 않는 사람은 드물다. 그러니 어플 사용이 어려운 사람도 거의 없을 것이다. 찾아보면 독서에 관련된 어플은 수도 없이 많다. 책을 구입한 날짜, 읽기 시작한 날짜, 중요 문구에 대한 메모, 사진으로 핵심 문장 정리하기, 분야별 책장, 작가별 책 정리 등 독서에 대한 수많은 기능이 어플 하나로 가능한 시대다. 물론 아날로그적인 감성이 사그라질 수는 있지만 필요한 기능만 취해서 사용하는 독서 어플은 추천할 만하다. 특히 지금 당장 책을 가지고 있지 않더라도 자신이 써두었던 메모, 혹은 핵심 문장을 언제 어디서든 손쉽게 찾아볼 수 있다는 것이 최대 장점이다.

긋고
칠하고
적어라

: 나만의 책으로 만들어라

책의 변신은 무죄

책을 무조건 깨끗이 봐야 한다는 사람도 있고, 밑줄, 형광펜, 낙서 등을 해가며 봐야 한다는 사람도 있다. 나는 한 권의 책을 완전히 자신만의 책으로 만들려면 후자의 방법을 취해야 한다고 생각한다. 내가 읽은 책들의 대부분은 연습장처럼 지저분하다. 공감되는 부분이나 인상 깊은 부분에는 밑줄이 쳐져 있고, 내 생각과 아이디어, 결심 등을 적어놓은 메모들이 가득하기 때문이다. 깨끗했던 새 책이 나의 사고로 인해 다른 책으로 변신해나가는 과정을 보고 있으면 말로 표현할 수 없는 뿌듯함을 느낀다. 자신에게 도움이 되고 깨달음을 주는 책일수록 자신만의 흔적이 가득해야 한다.

나는 좋은 책은 세 번 만들어진다고 생각한다. 책을 낸 작가에 의해서 한 번, 그 책을 읽는 독자에 의해서 한 번, 자신만의 흔적을 남긴 독자에 의해서 한 번, 이렇게 세 번 말이다.

책을 읽기만 한다고 인생이 바뀌지는 않는다. 독서로 인생을 바꾸고자 한다면 작가의 생각에 적극적으로 덤벼들어 나만의 시각과 통찰력으로 새로운 책을 만들어야 한다. 앞서 말했듯 나는 절대로 책을 빌려주지 않는다. 책 안에 나만의 아이디어와 결심, 순간순간 떠올랐던 생각들과 앞으로 실행할 것들이 가득 담겨 있기 때문이다.

나만의 책을 탄생시키는 법

책 한 권을 나만의 책으로 탄생시키기 위해서는 엄청난 노력이 필요하다. 독서 초보들은 이 작업을 어디에서부터 시작해야 할지 모를 것이다. 해서 여기에 내가 즐겨 하는 방법들을 소개해보겠다.

우선 책 한 권을 읽으면 다 읽은 날짜를 책 윗부분에 적어두자. 재독을 하는 경우도 마찬가지다. 2회독이라 적고 다시 읽은 날짜를 적는다. 그러면 내가 읽은 책과 읽지 않은 책, 여러 번 읽은 책을 한눈에 구별할 수 있다. 책장에서 책을 고를 때마다 읽은 책인지 아닌지 펼쳐보면서 고민할 때가 있는데 그런 수고도 덜 수 있다.

| 책 윗부분에 읽은 날짜를 적어두면 읽은 책과 읽지 않은 책을 한눈에 구별할 수 있다.

두 번째는 책의 핵심이라고 판단되는 부분에 밑줄을 긋거나 형광펜으로 표시를 하는 것이다. 사실 어떤 방법을 사용해도 무방하다. 페이지 윗부분을 접어도 좋고, 사인펜으로 점을 찍어도 좋다. 중요한 건 눈에 잘 띄어야 한다는 것이다. 다음에 그 내용을 찾을 때 시간 낭비 없이 찾을 수 있도록 하는 게 표식의 핵심이다.

세 번째, 책을 읽다가 자신의 생각과 다르거나 전혀 생각하지 못했던 내용들이 나왔을 경우, 혹은 궁금한 부분이나 스스로의 논리를 확장시킬 수 있는 내용이 나왔을 경우 반드시 메모를 해두어야 한다. 왜 저자는 이런 이야기를 하고 있는지, 왜 나는 이런 생각을 하지 못했는지, 내가 이 책에서 배운 점은 무엇인지, 실천할 점들은 무엇인지를 관련 글 옆에 기

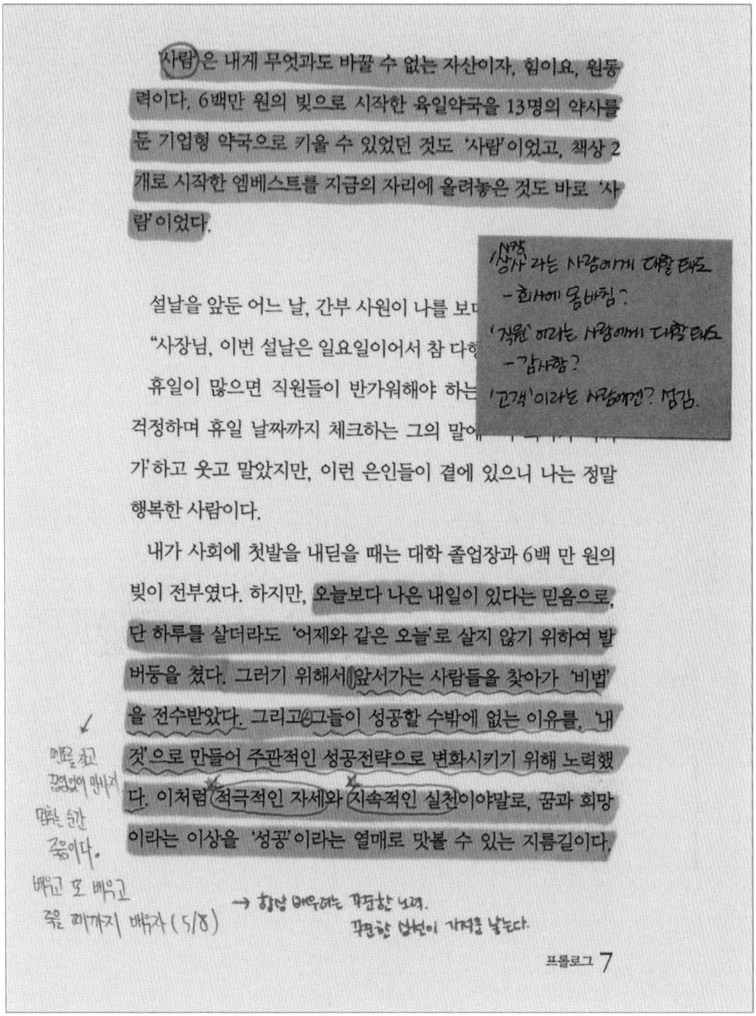

'사람'은 내게 무엇과도 바꿀 수 없는 자산이자, 힘이요, 원동력이다. 6백만 원의 빚으로 시작한 육일약국을 13명의 약사를 둔 기업형 약국으로 키울 수 있었던 것도 '사람'이었고, 책상 2개로 시작한 엠베스트를 지금의 자리에 올려놓은 것도 바로 '사람'이었다.

설날을 앞둔 어느 날, 간부 사원이 나를 보며

"사장님, 이번 설날은 일요일이어서 참 다행

휴일이 많으면 직원들이 반가워해야 하는

걱정하며 휴일 날짜까지 체크하는 그의 말에

가'하고 웃고 말았지만, 이런 은인들이 곁에 있으니 나는 정말 행복한 사람이다.

내가 사회에 첫발을 내딛을 때는 대학 졸업장과 6백 만 원의 빚이 전부였다. 하지만, 오늘보다 나은 내일이 있다는 믿음으로, 단 하루를 살더라도 '어제와 같은 오늘'로 살지 않기 위하여 발버둥을 쳤다. 그러기 위해서 앞서가는 사람들을 찾아가 '비법'을 전수받았다. 그리고 그들이 성공할 수밖에 없는 이유를, '내 것'으로 만들어 주관적인 성공전략으로 변화시키기 위해 노력했다. 이처럼 적극적인 자세와 지속적인 실천이야말로, 꿈과 희망이라는 이상을 '성공'이라는 열매로 맛볼 수 있는 지름길이다.

'사장'이라는 사람에게 대할 태도
- 회사에 몸바침?
'직원'이라는 사람에게 대할 태도
- 감사함?
'고객'이라는 사람에겐? 섬김.

멘토를 찾고
끊임없이 만나자
멈추는 순간
죽음이다.
배우고 또 배우고
죽을 때까지 배우자 (5/8)

→ 항상 배우려는 꾸준한 노력.
꾸준한 습관이 기적을 낳는다.

프롤로그 7

| 긋고, 칠하고, 적어야만 '나'만의 책으로 만들 수 있다.

록해야 한다. 필기로 인해 책이 더러워지겠지만 그런 건 상관할 필요가 없다. 책을 망치는 게 아니라 나만의 책으로 만드는 과정이니 말이다.

밑줄을 긋고 자신의 생각을 적었다고 해서 나만의 책 만들기가 끝나는 건 아니다. 책은 다시 읽는 게 중요하다. 이때는 처음부터 꼼꼼히 읽지 않아도 좋다. 가벼운 마음으로 밑줄 친 곳과 메모해둔 곳, 표시해둔 부분 위주로 읽어나가면 된다. 그러면서 스스로의 사고를 확장해나가야 한다. 책은 남들에게 자랑하기 위해 책장에 꽂아두는 장식품이 아니라는 걸 명심하자.

함께여서 좋은 이유

: 같은 책을 다른 사람과 돌려 읽어라

세상에는 여러 가지 시선이 있다

나는 가끔 어썸피플에서 함께 일하는 동료들과 책을 돌려 읽는다. 그냥 돌려 읽기만 하는 게 아니라 생각과 느낌을 자세히 적고 포스트잇과 펜을 사용해 최대한 지저분하게 읽는 게 룰이다. 실천해야 할 것들도 함께 적어가면서 말이다. '내가 책을 잘 읽고 있나?'라는 생각이 들 때마다 사용하면 좋은 방법이다. 이 방법에 대해 조금 더 자세히 이야기하자면 다음과 같다.

우선 책 한 권을 정한다. 그리고 이 방법을 제안한 사람이 가장 먼저 책을 읽는다. 좋은 내용에 밑줄을 긋고 빈 공간에 느낀 점들을 적어나간다. 꼭 실행해야 할 부분도 체크한다. 이렇게 꼼꼼하게 완독한 책을 다음 동료에게 전달한다. 그 친구도 똑같은 방식으로 책을 완독한다. 앞서 읽은 사람이 적어두었던 글에 추가할 게 있으면 따로 메모를 한다. 이런 방식으로 네다섯 명이 한 권의 책을 뜯어 먹듯이 읽는다. 이렇게 돌려 읽고 나서는 처음 이 책을 읽은 사람이 한 번 더 읽는다.

이 방법을 사용하면 책을 제대로 읽지 않으려야 않을 수가 없다. 아무리 집중해서 책을 읽는다 해도 분명 빠뜨리는 내용이 있기 마련이다. 자신도 모르게 지나치는 부분이 있을 수도 있고, 중요하지 않다고 생각하며 소홀히 읽은 부분이 있을 수도 있다. 하지만 사람들과 함께 책을 돌려 읽으면 이러한 문제를 단번에 해결할 수 있다. 혼자 읽을 때보다 더 많은 것을 얻을 수 있고 더 많이 깨달을 수 있다. 저자의 의도는 물론 네다섯 명의 생각과 해석이 책 한 권에 담겨 있기 때문이다.

Tips for Reading 같은 주제, 다른 저자

주변에 책을 돌려 읽을 사람이 없다면 같은 주제로 다른 이야기를 하는 책들을 비교하며 읽어보는 것도 좋은 방법이다. 같은 주제의 책이라도 작가의 성향, 상황, 지식의 정도, 관심사에 따라 여러 가지 방향으로 가지를 뻗어나간다. 분야를 바꿔가며 책을 읽는 것도 좋지만 때로는 하나의 주제를 정하고, 그에 대한 여러 권의 저작을 읽으며 나만의 생각을 정리해보는 게 좋다. 그래야 지식의 폭뿐 아니라 깊이도 더할 수 있다.

지식에 한 발짝 더 다가서는 법

: 질문 없는 독서는 무의미하다

왜 부끄러워하는가?

나는 강연을 마칠 때마다 청중을 향해 말한다.

"강연에 대해 궁금한 게 있으면 질문하세요."

하지만 질문하는 사람은 거의 없다. 질문하기를 어색해하거나 부끄러워하는 사람이 대다수다. 강연 내용의 확장을 위해서는 강연자와 청중 사이에 질문과 답이 오가야 한다. 하지만 질문하는 사람은 좀체 늘지 않는다. 그때마다 나는 '분명 더 궁금한 게 있을 텐데.'라는 아쉬움을 남긴 채 강연을 마친다. 다른 강연자의 강연에 가봐도 마찬가지다. 질문 시간에 서로 눈치만 볼 뿐 손을 들어 질문하는 사람은 찾아보기 힘들다.

여기서 고백하지만 나 역시 질문하기를 두려워했던 사람 중 하나다. 배우고자 하는 마음으로 강연장을 찾았지만 내 무지를 들킬까 싶어 질문하기를 꺼렸다. 강연자가 나를 콕 집어 질문을 유도해도 "강연 잘 들었습니다." 이외의 말은 하지 못했다.

청중들이 강연자에게 질문을 던지지 못하는 가장 큰 이유는 바로 강연 시간에 100퍼센트 집중하지 않아서다. 귀는 의무적으로 강연을 듣고 있지만 강연 내용을 삶에 적용하고 더욱 많은 것을 얻어가려는 노력이 부족해서다. 강연을 들을 때 수동적으로 들어서는 안 된다. '강연 내용 중 더 알고 싶은 게 뭐지?' '이 강연을 통해 얻고자 하는 게 뭐지?' '강연자의 생각과 내 생각의 다른 점은 뭐지?' '나는 그동안 왜 이런 생각을 하지 못했지?'라는 질문을 끊임없이 던져야 한다. 그렇게 스스로에게 질문을 던진 사람이 강연자에게도 질문을 던질 수 있다.

왜 질문해야 하는가?

위대한 성인들은 위대한 질문으로 많은 사람들을 배움의 길로 이끌었다. 그만큼 질문의 힘은 대단하다. 질문에는 상대방의 경험과 지식을 이끌어내는 힘이 담겨 있으며, 생각의 힘이 응축되어 있다.

유대인의 교육법 중 '하브루타'라는 유명한 방법이 있다. 이 방법은 끊임없이 "왜?"라고 질문하며 사고하게 하는 교육법이다. 유대인 가정에서는 아이가 학교에서 돌아왔을 때 가장 먼저 다음과 같이 말한다.

"오늘 선생님께 무슨 질문을 던졌니?"

한국의 많은 어머니들이 "오늘 선생님 말씀 잘 들었니?"라고 묻는 것과는 대조적이다. 유대인이 지혜로운 민족이라는 평을 듣는 것은 질문의 힘을 믿고 질문을 통해 후손들을 교육해왔기 때문이다.

질문하기는 삶 전반에서 이뤄져야 하지만 특히 책을 읽을 때 무조건 실행되어야 한다. 나 역시 예전에는 책을 읽을 때 저자의 생각을 받아먹느라 급급했다. 내 생각은 없이 저자의 생각으로만 머리를 채웠다. 저자의 사고가 내 생각을 잠식해버린 것이다. 지식은 내 것으로 소화할 때 나만의 지혜가 된다. 그걸 깨달은 후 나는 책 내용을 있는 그대로 받아들이지 않는다. 책을 읽으며 끊임없이 책 내용을 물고 늘어진다. '왜 저자는 이런 식으로 생각했을까?' '나라면 어떻게 생각했을까?' '저자의 생각의 한계는 무엇일까?' '이 사상의 반대쪽에 서 있는 생각은 무엇일까?' '이 책에서 무엇을 배우고 싶은가?' 등등 끊임없이 질문하며 치열하게 책을 읽는다.

나는 책을 읽을 때 독서 노트뿐만 아니라 휴대폰에 있는 에버노트도 활용한다. 책을 읽다 떠오르는 질문들을 '위대한 질문'이라는 폴더에 기록하기 위해서다. 책을 읽을 때마다 쏟아지는 질문들이 사라지지 않도록 한곳에 모으는 작업은 지금도 계속되고 있다. 서평을 쓸 때도 좋았던 구절이나 느낌만 적지 않는다. '곰곰이 생각해볼 질문들'이라는 카테고리를 만들어 적어도 다섯 가지 정도의 질문을 던지고 그것에 대해 생각하는 시간을 갖는다. 독서는 단순히 읽고 받아들이는 행위로 끝나서는 안 된다. 반드시 질문을 통해 또 다른 세상으로 나아갈 수 있는 길을 만들어야 한다. 배움의 시작은 질문에서 나온다는 걸 기억하자.

Tips for Reading

질문의 일곱 가지 힘

미국의 유명한 질문 전문가이자 경영 컨설턴트인 도로시 리즈(Dorothy Leeds)가 제시한 '질문의 일곱 가지 힘'을 소개한다.

- 질문하면 답이 나온다(Questions Demand Answers).
- 질문은 생각을 자극한다(Questions Stimulate Thinking).
- 질문하면 정보를 얻는다(Questions Give Us Valuable Information).
- 질문하면 통제가 된다(Questions Put You In Control).
- 질문은 마음을 열게 한다(Questions Get People To Open Up).
- 질문은 귀를 기울이게 한다(Questions Lead To Quality Listening).
- 질문에 답하면 스스로 설득이 된다(Questions Get People To Persuade Themselves).

자극을 즐겨라

: 저자를 직접 만나라

1년, 70퍼센트, 100명

인생을 발전시키는 방법 중 독서와 견줄 수 있는 좋은 방법이 바로 멘토와의 만남이다. 자신이 존경하는 사람과 직접 만나 이야기를 나누고, 그 속에서 배움을 이어나가는 것만큼 좋은 일도 없다. 멘토란 인생을 먼저 경험하고 지혜와 지식을 습득한 사람이다. 한 사람이 성장해나가는 데 귀중한 교훈을 전해주고 잘못을 바로잡아주는 사람이다. 또한 중대한 결단에 대한 조언이 필요할 때 도움을 주고 노하우를 나눠주는 사람이다. 고로 훌륭한 멘토를 가진 사람은 커다란 행운을 가졌다고밖에 말할 수 없다.

요즘은 멘토와 멘티 시스템을 운영하는 곳이 많다. 한 예로 어떤 사람이 회사에 입사하면 회사 생활의 적응을 돕고 업무에 도움을 줄 수 있는 조언자를 붙여준다. 그 사람이 그 분야에서는 인생 선배이고 멘토인 것이다. 그들은 멘티의 문제점을 지적해주고 앞으로 나아갈 수 있는 지혜와 혜안을 준다. 또한 변화의 힘을 실어주고, 멘티가 지속적으로 성장해나갈 수 있도록 꾸준히 지켜봐준다. 멘토가 있기에 멘티는 시행착오의 아픔을 덜 겪어도 된다.

내가 처음으로 인생의 멘토라고 생각한 사람은 군대 동기였다. 앞에서도 잠깐 이야기했듯 나는 그로 인해 인생의 다른 길을 볼 수 있었다. 그와 2년간 수없이 많은 대화를 나누며 어둡고 힘들고 아프기만 한 인생 외에도 환하고 즐겁고 행복한 인생이 있다는 걸 깨달았다. 하지만 사회에 나와서는 멘토를 찾기가 쉽지 않았다. 아니 어떻게 찾아야 하는지 알 길이 없었다. 어디서 누구를 만나야 나의 부족함을 채울 수 있을까, 고민에 고민을 거듭했다.

그러다 문득 감명 깊게 읽은 책의 저자를 만나봐야겠다는 생각이 들었다. 책을 통해 힘을 얻었고, 긍정적인 에너지를 얻었으니 글을 쓴 저자와 만나면 더 많은 것을 얻을 수 있겠다는 생각에서였다. 그래서 책 맨 뒷장에 나와 있는 메일 주소로 무조건 메일을 보내기 시작했다. 이런 좋은 책을 써주어서 정말 감사하다는 인사와 함께 내가 어떤 사람이고, 당신의 책으로 인해 어떻게 변했으며, 꼭 만나고 싶다는 내용의 메일이었다. 메일 주소가 없으면 출판사로 전화해 "안녕하세요. 이번에 나온 책 정말 잘 읽었습니다. 저자님께도 감사의 인사를 전하고 싶은데 방법이 없어서요. 혹시 메일 주소 좀 알려주실 수 있을까요?"라고 물었다. 그러면 열에 아홉은 메일 주소를 알려줬다.

처음 메일을 보낼 때는 의구심이 많았다. '바쁠 텐데 답장은 해줄까?' '누군지도 모르는 나에게 시간을 내줄까?' '괜히 이상한 놈 취급받는 건 아닐까?'라는 걱정이 앞섰던 것이다. 하지만 내 예상은 보기 좋게 빗나갔다. 답장률이 70퍼센트가 넘었던 것이다. 나는 이런 방법으로 1년간 100명 이상의 인생 멘토를 만날 수 있었다. 정말 꿈만 같은 일이었다.

지성이면 감천

지금도 저자에게 처음 답장을 받았을 때의 기쁨과 환희를 잊지 못한다. 금융회사를 운영하는 CEO가 쓴 책을 읽고 앞에서 말했던 내용의 메일을 보냈다. '내 메일을 읽을 시간이 있을까?' 걱정했지만 하루도 지나지 않아 답장을 받았다. 책 잘 읽어줘서 고맙다, 어디어디에서 몇 시에 보자, 라는 답장이었다.

나는 흥분을 가라앉히지 못한 채 약속 장소로 향했다. 워낙 바쁘신 분이라 여유 시간이 20분밖에 없었음에도 나를 위해 한 시간이나 내주셨다. 그분은 "이렇게 메일을 보내는 사람이 흔치 않아요. 거의 없다고 해도 무방해요. 메일을 보내온 사람이 어떤 사람인지 너무 궁금해서 보자고 했어요."라고 운을 떼시며 책으로는 알 수 없던 인생 교훈과 삶의 지혜, 회사 운영 노하우까지, 정말 소중한 이야기를 아낌없이 들려주셨다.

폭우가 쏟아지던 날, 어렵게 잡은 저자와의 약속을 지키기 위해 차까지 렌트해서 두 시간 넘게 달린 적도 있다. 그분은 외국이 주 활동 무대라 한국에 머무는 기간이 길지 않았다. 사실 그분에게는 답장을 금세 받지 못했다. 나는 포기하지 않고 몇 번 더 메일을 보냈고, 한 달이 넘어서야 답장을 받았다. 인터넷이 잘 되지 않는 곳에 출장을 가 있어서 메일을 늦게 확인했다며 이제야 시간이 났으니 약속을 잡자는 메일이었다.

나는 그분과 만난 자리에서 녹음기를 켜겠다고 정중히 말한 후 정말 많은 질문을 던졌고, 그분은 귀찮은 표정 하나 없이 열정적으로 답해주셨다. "책을 읽고 메일까지 보내주는 독자도 고마운데 빗발이 거센 날, 이 먼 곳까지 나를 만나러 와줘서 고맙네."라는 말씀도 해주셨다. 우리는 저녁을 함께 먹었고 내가 허둥지둥 일어나 계산하려고 하자 그분이 이렇게 말씀하셨다.

"나중에 성공해서 자네를 찾아오는 어린 친구들에게 꼭 맛있는 걸 사주게."

요즘은 많은 사람들이 SNS를 하기 때문에 관계가 끊길 일이 별로 없다. 나는 이렇게 만난 나의 멘토들과 메신저로 편하게 안부도 묻고 가끔씩 만나 차도 마시면서 관계를 이어나간다. 이런 분들과의 만남은 매번 새롭다. 매번 똑같은 이야기를 하지 않기 때문이다. 서로의 자리에서 항상 무언가를 시도하고 끊임없이 노력하기 때문에 이전에 만났을 때보다 더 멋진 모습으로 마주하게 된다. 가볍게 차를 마시며 이야기하지만 내용은 결코 가볍지 않다. 그런 만남은 그 자체로도 기쁨이고 희열이며 긍정의 에너지와 열정의 기운을 제대로 채울 수 있는 아름다운 시간이다.

준비하지 않으면 아무것도 얻지 못한다

나는 저자를 만나러 갈 때 질문을 많이 준비한다. 아무 준비 없이 저자를 만나러 가는 것은 큰 실례이기 때문이다. 저자와의 만남은 책에서 배울 수 없는 그 무언가를 배우러 가는 시간이다. 어려운 시간을 내어준 분에 대한 예의를 차려야 한다.

나는 보통 열 가지의 질문을 준비한다. 여기서 중요한 것은 책에 있는 내용을 또다시 질문하지 말아야 한다는 것이다. 이미 책에 잘 설명이 되어 있는데 거기에 대한 내용을 다시 묻는다면 '이 친구는 책을 제대로 읽지도 않고 무작정 찾아왔구나.'라는 인상을 줄 수 있기 때문이다. 그냥 열정만 가지고 무작정 찾아갈 것이 아니라 철저한 사전 준비를 통해 만남의 효과를 극대화시켜야 한다.

내가 기본적으로 질문하는 내용은 다음과 같다.

- 인생에서 가장 중요하다고 생각하는 가치나 신념은 무엇인가요?

- 아직 시도해보지 않았지만 꼭 하고 싶은 일은 무엇인가요?
- 현재 롤 모델이 있으신가요?
- 지금까지 살아오면서 가장 힘드셨던 때는 언제인가요?
- 인생의 터닝 포인트가 있으신가요?
- 20대에 시작했더라면 좋았겠다, 라고 생각하는 게 있으신가요?
- 꿈을 이루려는 사람들에게 한마디해주신다면?
- 마지막으로 인생의 선배로서 저에게 조언을 해주신다면?

좋은 질문을 던져야 좋은 답을 얻는다. 알고자 하는 답을 얻으려면 그것에 대한 멋진 질문을 준비해야 한다. 다시 한 번 말하지만 책은 눈으로만 읽는 게 아니다. 감명받은 내용을 행동으로 옮겨야 한다. 그리고 한

Tips for Reading

동기부여가 되는 강연, 교육, 영상으로 삶을 채워라

폭주족이었던 내가 이렇게 변할 수 있었던 첫 번째 힘은 두말할 나위 없이 독서다. 그리고 두 번째가 바로 끊임없이 배우려는 자세다. 책을 읽고 직접 저자를 만날 수 있다면 좋겠지만 상황이 여의치 않을 때는 긍정 에너지를 얻을 수 있는 강연과 교육 과정, 영상 들을 찾아보는 게 답이다.
조금만 관심을 가지고 찾아보면 무료 강연들도 많고, 인터넷에 올라온 수준 높은 영상들도 많다. 또한 원하는 지식을 탐험할 수 있는 좋은 교육 과정들도 쉽게 찾을 수 있다. 나는 지금도 수익의 일정 부분을 내 능력을 높이는 데 투자한다. 스스로에게 주는 최고의 선물이 바로 배움이라는 걸 알고 있기 때문이다.

발 더 나아가 직접 저자를 만나 더 많은 걸 느끼고 배울 수 있다면 금상첨화다.

여기서 중요한 게 하나 더 있다. 멘토의 말을 신의 말씀처럼 떠받들 필요가 없다는 것이다. 멘토는 답을 주는 사람이 아니라 가이드라인을 제시하는 사람이다. 결국 어떤 일을 해나갈 때 모든 결정은 스스로 해야 한다. 자신의 경험과 상황을 냉정하게 파악해야 멘토의 소중한 조언도 빛을 낸다.

자신에게 단 한 가지라도 도움이 되는 말을 해주는 사람이 있다면 그 사람이 바로 멘토다. 나이를 불문하고 스승으로 삼아 배워나가라. 그리고 계속해서 발전하라.

일상에 지친 당신에게 필요한 것

: 책을 읽고 여행하라

저 먼 미지의 세계로

미국의 전 대통령 링컨은 "책을 한 권 읽는 사람은 책을 두 권 읽는 사람에게 지배당한다."라고 말했다. 나는 한 발 더 나아가 "책을 많이 읽는 사람은 책을 읽고 여행하는 사람을 이기지 못한다."라고 말하고 싶다. 인터넷을 둘러보다 이런 글을 본 적이 있다.

"독서가 시간의 축에서 자아를 똑바로 볼 수 있게 도와준다면 공간의 축에서 자아관의 영역을 확장시켜주는 것은 바로 여행이다."

나는 이 글을 독서 노트에 적어놓았다. 수많은 경험이 사고의 폭을 넓혀준다는 데에 심히 공감했기 때문이다. 우리는 책을 읽으며 '나는 왜 사는가?' '나는 왜 여기에 와 있는가?' '나는 앞으로 어떤 인생을 살아갈 것인가?' 등 본질적인 질문을 하게 된다. 그리고 그러한 질문에 답을 얻고자 여행에 나선다. 그리고 자연스레 자신의 한계를 깨닫게 된다. 내가 안다고 생각했지만 사실은 모르고 있는 게 많다는 것을, 이 넓은 세상에서 나라는 존재는 정말 먼지에 지나지 않는다는 것을 절절하게 깨닫게 되는 것이다.

하지만 이러한 한계를 조금씩 극복하고 미지의 세계로 나아가는 힘을 주는 게 또 독서와 여행이다. 책과 여행을 통해 나와 다른 사람, 다른 문화, 다른 사회를 보는 것만으로도 수많은 고정관념을 깨뜨릴 수 있다. 내 몸과 마음, 생각이라는 그릇의 크기가 몇 배는 더 커지기 때문이다.

책은 어떻게라도 읽겠는데 도저히 여행 갈 시간은 없다고 말하는 사람도 있을 것이다. 혹은 돈이 없다고 말하는 사람도 있을 것이다. 그런 사람들은 광고인 박웅현이 자신의 딸에게 해줬던 이야기에 귀 기울여보자.

여행지에서 랜드마크만 찾아가서 보지 말고 내키면 동네 카페에서 동네 사람들과 사는 이야기도 하고 벼룩시장에 가서 구경도 하면서 거기 사는 사람처럼 여행하는 거야. 그게 더 멋져. 그리고 생활은 여행처럼 해. 이 도시를 네가 3일만 있다가 떠날 곳이라고 생각해. 그리고 갔다가 다신 안 돌아온다고 생각해봐. 파리가 아름다운 이유는 거기에서 3일밖에 못 머물기 때문이야. 마음의 문제야. 그러니까 생활할 때 여행처럼 해.

_ 《여덟 단어》 중에서

읽기와 쓰기는 동전의 양면

: 쓰는 자만이 살아남는다

책 읽기의 종점

독서는 결국 쓰기로 이어져야 한다. 책을 읽기도 버거운데 쓰기까지 강조하다니, 너무 많은 걸 원하는 게 아니냐고 불평하는 사람도 있을 것이다. 하지만 읽기만 하는 사람은 읽고 쓰는 사람을 절대 당해낼 수 없다. 다산 정약용은 책을 읽으며 늘 의심을 품고 항상 기록하는 습관으로 사고력을 향상시켜 학문의 성장을 이뤘다고 말한다. 한 권의 책을 무작정 읽기만 하는 것이 아니라 좋은 내용을 뽑아 적고 자신의 생각을 덧붙이고 깨달을 기회를 스스로에게 제공하며 끊임없이 노력한 것이다. 뇌 과학자 김대식 교수도 쓰기의 중요성을 다음과 같이 설명한다.

"책을 읽을 때는 가능하면 펜을 들고 여백에 메모를 하는 게 좋다. 책에 담긴 것은 남의 생각이고, 읽기만 하면 그 생각에 세뇌당하는 꼴이지만, 내가 생각하고 뭔가 주석을 달면, 즉 글을 쓰면 그 지식은 내 것이 된다. 내가 다시 한 번 소화하고 처리하는 과정에서 가장 좋은 방법은 글을 쓰는 것이라고 알려져 있다."

또한 《책, 인생을 사로잡다》의 저자 이석연 역시 다음과 같이 말한다.

읽기만 하고 쓰지 않는다면 연필을 깎아 놓고 필통 속에 고이 모셔두는 것과 매한가지다. 읽는 것과 쓰는 일은 동전의 양면이다. 읽는 만큼 쓸 수 있으며, 쓰는 만큼 변화할 수 있다.

'말 타면 경마 잡히고 싶어 한다.'라는 말이 있다. 하나를 이룬 뒤에 더 많은 것을 성취하고 싶은 욕심이 생겨난다는 말이다. 독서에 대한 욕심은 결국 쓰기에 대한 욕망으로 뻗어 나가야 한다. 독서의 귀결은 읽는 것에 그치는 것이 아니라 쓰기로 마침표를 찍어야 한다. 사고력을 키우기 위해, 남의 지식을 내 것으로 흡수하기 위해, 내 인생을 변화시키기 위해 지금부터라도 읽고 쓰는 것을 습관화하자.

나는 다산이 말한 '둔필승총(鈍筆勝聰)'이란 말을 좋아한다. '둔하고 부족한 붓이 총명한 머리를 이긴다.'라는 뜻이다. 나 같은 문제아가 이렇게 책 한 권을 쓸 수 있었던 이유는 읽고 썼기 때문이다. 읽기만 했다면 내 생각을 제대로 정리하지 못했을 테고, 몰랐던 내용을 깨우칠 수 없었을 것이다.

슬럼프는
열정이 있는
사람에게 찾아온다

: 포기는 실패의 어머니

양질 전환의 법칙

'양질 전환의 법칙'이란 게 있다. 충분한 양이 쌓여야 질적인 변화가 일어난다는 뜻이다. 이 법칙을 설명하기 위해 자주 이용되는 예가 있다. 물이 99도가 되기까지는 계속 물(액체)이지만, 100도가 되는 순간 수증기(기체)로의 질적 변화가 이뤄진다는 이야기다. 사실 물의 양질 전환의 순간처럼 삶의 양질 전환의 순간을 정확히 알기란 불가능하다. 때문에 어떤 일에 열정을 다하다가도 끝이 보이지 않아 결국 포기하는 사람들이 많다. 포기만 하지 않는다면 분명히 변화의 순간이 찾아오는데 말이다. 새로운 단계로의 도약 전에 꼭 한 번씩 찾아오는 게 바로 슬럼프다. 이 슬럼프를 잘 극복하고 이겨내면 다음 단계로 나아갈 수 있지만 그러지 못하면 그 동안의 노력까지 허사가 된다.

어학을 예로 들어보자. 아무리 열심히 어학 공부를 한다 해도 실력이 계속해서 수직상승할 수는 없다. 많은 전문가들이 말하듯 사람의 능력은 계단식으로 상승하는 게 일반적이다. 그리고 계단을 밟아 올라갈 때마다 교착상태란 게 존재한다. 이 교착상태가 바로 슬럼프다. 어학뿐 아니라 책 읽기에도 적용되는 이야기다.

나는 한동안 극심한 독서 슬럼프를 겪었다. 몇 페이지를 넘기는 것도 힘들 정도로 집중하지 못했다. '어제까지 잘 읽던 책을 읽지 못하다니! 책 근육이 붙었다고 자신했는데 어떻게 이럴 수가 있지?'라는 생각에 충격을 받았다. 하루 이틀 쉬면 괜찮아지지 않을까, 생각했지만 상태는 점점 더 심각해졌다. 며칠이 지나도 나아질 기미가 없었고, 책을 읽지 못한다는 스트레스와 불안감만 쌓여갔다. 책장도, 책 더미도 쳐다보기 싫을 정도로 악화 일로를 걸었다. 나는 책 읽기를 중단했다. 그리고 머리를 비우는 시간을 가졌다. 그런 후 슬럼프에 대해 생각하기 시작했다. 책과 떨어져서 나의 상태를 살펴보니 슬럼프의 원인을 발견할 수 있었다.

나는 한 권의 책에서 너무 많은 것을 얻으려고 했다. 욕심과 조바심이 과했던 것이다. 독서를 통해 배울 점과 실천할 것들을 살피는 건 정말 중요한 일이다. 하지만 한꺼번에 너무 많은 걸 얻으려다 보면 문제가 발생

한다. 극심한 슬럼프를 겪을 당시, 나는 하루에 한 권 이상의 책을 읽고 있었다. 책을 읽고 하루에 한 가지씩만 실천한다 해도 한 달에 실천해야 할 것들이 30개가 넘었다. 한 가지도 제대로 실천하지 못하면서 계속 새로운 것들을 해야 한다는 강박에 시달려 스트레스가 엄청났다. '이럴 거면 책은 뭐하러 읽나?'라는 생각에 자괴감까지 들었다. 그러면서 슬럼프까지 겪게 된 것이다.

이러한 나의 상태를 파악하니 답이 나왔다. 나는 실천에 대한 부담감과 욕심, 기대치를 완전히 내려놓아야 했다. 완벽할 수 없음을 인정하고 빠르게 무언가를 이루려는 조급함을 버려야 했다. 그래야 다음 단계로 넘어갈 수 있었다.

다행히 곧 슬럼프를 이겨냈다. 물론 그 뒤로 슬럼프가 찾아오지 않은

Tips for Reading

휴식이 필요한 시간

한때 나는 모든 시간을 효율적으로 활용해야 한다는 압박감에 시달렸다. 때문에 쉬는 시간을 지루하고 의미 없는 시간이라 생각했다. 하지만 어느 순간 그 시간들이 정말 소중한 시간이라는 것을 깨달았다. 이런 시간이야말로 새로운 아이디어를 얻을 수 있는 시간이었고, 나를 더 깨어 있게 만드는 시간이었다. 읽기만 하고 생각하지 않으면 진정한 발전을 이룰 수 없지만 생각에도 숨 쉴 틈이 필요하다는 것을 기억해야 한다. 단 10분이라도 머리를 비우고 몸과 마음을 쉬게 하자. 책을 읽을 때도 마찬가지다. 빨리 읽겠다는 조급증과 많은 것을 흡수하겠다는 압박감을 잠시 내려놓고 사색의 시간을 꼭 가지자. 그래야 내 안에 있는 무한한 상상력과 창조력, 잠재력을 깨울 수 있다.

건 아니다. 슬럼프는 주기적으로 찾아왔다. 아마 앞으로도 찾아올 것이다. 여기서 중요한 것은 힘이 들더라도 10미터만 더 전진하고자 하는 마음을 놓지 말아야 한다는 것이다.

슬럼프가 왔다면 슬럼프를 즐겨라. 슬럼프는 도약을 위한 발판이다. 현실에 안주하고 원대한 목표도 없으며 바라는 것도 없는 사람에게는 슬럼프가 찾아오지 않는다. 그러니 겁먹지 말자. 포기하지 말자. 계속 읽어 나가자. 그러면 무조건 목표점에 다다른다.

독서광의
노하우

독서 노트 작성법

책을 읽으면서 독서 노트를 작성하는 것은 그 무엇보다도 중요하다. 내가 스물세 살 때부터 쓰기 시작한 독서 노트는 현재 50여 권이 넘는다. 독서 노트를 쓰게 된 계기는 하나다. '책을 읽고 남는 게 없구나.'라는 생각이 들었기 때문이다. 독서 노트는 책을 읽고 사색하는 시간을 더욱 풍요롭게 해준다. 책을 읽을 때는 미처 느끼지 못했던 것들을 생각하게 해주고, 정리되지 않았던 내용을 내 것으로 만들어주기 때문이다. 해서 책을 읽고 난 후에는 없는 시간을 쪼개서라도 독서 노트를 써야 한다. 그동안 독서 노트를 어떻게 작성해야 하는지 몰라 고민하는 사람들을 많이 봐왔다. 이런 사람들에게 도움이 될 만한 몇 가지 팁을 소개한다.

가장 마음에 든 문장을 다섯 개 뽑아 적는 걸로 독서 노트를 시작하자

사실 한 권의 책에서 마음을 울리는 문장은 수도 없이 많을 것이다. 하지만 그 모든 걸 적고 사색하기에 우리의 시간은 너무 부족하다. 그러니 다섯 문장만 뽑아라. 그 문장에서부터 독서 노트가 시작된다.

옮겨 적은 문장 옆에 떠오른 생각들을 적자

좋은 문장을 내 것으로 확실히 만들기 위해서는 그 문장과 내 생각의 결합이 필요하다. '아, 좋구나.'에서 끝낸다면 독서 효과는 반감된다. 나중에 기억도 나지 않을 것이다. 독서 노트에 적어놓은 문장을 통해 내가 얻을 수 있고 행동할 수 있는 것이 무엇인지 생각해보는 노력이 무엇보다 중요하다.

주기적으로 독서 노트를 읽어보자

나는 보통 2주에 한 번씩 내가 쓴 독서 노트들을 읽는다. 그러면서 과거 나의 생각과 현재 나의 생각이 얼마나 달라졌는지 비교해본다. 전에 적어두었던 글 옆에 지금의 생각을 적어보면 깨달음과 깊이의 차이를 느낄 수 있을 것이다.

(독서 노트 작성에 어떤 형식이 있어야 한다는 선입견 때문에 독서 노트를 시작하지 못하는 사람들이 많다. 처음에는 형식에 얽매이지 말고 쓰고 싶은 걸 써라. 틀에 갇히면 사고하는 능력이 둔해질 수밖에 없다. 나의 독서 노트 작성법은 하나의 예시라고 생각하면 된다. 시간이 흐르면 흐를수록, 책을 읽으면 읽을수록 자신만의 독서 노트 작성법은 자리를 잡기 마련이다. 그러니 먼저 시작하라.)

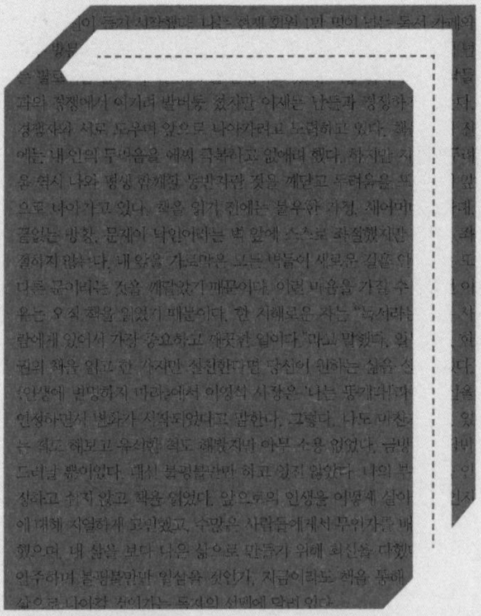

一讀一行

일독일행 **4** 단계

독서 효과 10배로 높이는 BEYOND 공부법!

“내가 원하는 인생을 살고 싶어요!”

BEYOND 공부법 1단계

Blog : 블로그를 시작하라

블로그를 해야 하는 이유

나는 책에 미쳤다. 미쳐도 제대로 미쳤다. 하지만 책에만 미친 게 아니다. 책을 읽는 열정 이상으로 블로그에도 미쳤다. 앞에서도 잠깐 언급했지만 내가 처음 블로그를 시작할 당시의 내 블로그 하루 방문자 수는 많아야 다섯 명이었다. 그마저도 여기저기 클릭하다가 잘못 들어온 경우가 대부분이었다. 그런 상황에서 3개월 만에 하루 방문자 수 3000명이 넘을 수 있었던 건 나만의 콘텐츠를 끊임없이 생산했기 때문이다. 블로그는 나만의 무기가 될 수 있다. 나만의 브랜드가 될 수 있다.

5년 가까이 블로그를 하다 보니 이제 스스로 설 수 있는 강력한 힘을 갖추게 되었다. 회사에 취직할 필요도 없어졌고, 여기저기 아쉬운 소리를 하며 굽실댈 필요도 없어졌다. 나만의 브랜드를 구축했으니 내가 좋아하는 일을 할 수 있게 되었고, 스스로 홍보가 가능하니 돈을 주고 홍보를 요청할 필요도 없어졌다. 게다가 블로그에는 나에 대한 자세한 소개와 관심사, 나만의 콘텐츠가 가득해 누구와 만나든 장황하게 내가 누구인지 떠들 필요도 없어졌다.

나는 지금도 열심히 블로그를 하고 있다. 타인의 블로그 컨설팅까지 해주면서 말이다. 또한 블로그 상에서 자신의 꿈과 열정을 위해 노력하는 사람들과 관계를 맺으며 엄청난 자극과 도전을 받고 있다. 도저히 나태해지거나 게을러질 틈이 없다.

새로운 SNS가 나올 때마다 블로그의 인기가 사그라질 거라는 예측이 나온다. 특히 페이스북과 트위터가 등장했을 때는 아예 없어질 매체로 블로그가 논의되기도 했다. 하지만 블로그는 여전히 강력한 힘을 발휘하고 있다.

내 경험에 의하면 블로그는 하나의 서비스 이름이 아니다. 삶이 기록되는 곳이다. 다양한 콘텐츠를 수없이 창출해낼 수 있는 공간이며 유행에 휩쓸리지 않는 뚝심을 가진 매체다. 다음은 내가 왜 이토록 강력하게 블로그를 추천하는지 그 이유들을 적은 것이다.

1. 블로그는 자기 얼굴이다

나는 하고 있는 일이 많다. 내가 하는 모든 일을 일일이 다 설명하자면 한 시간도 모자랄 것이다. 그 긴 시간 동안 내 소개만 듣는 사람은 따분해질 수밖에 없다. 해서 나는 미팅 전에 상대방 메일로 내 블로그 주소를 보낸다. 특히 내 소개가 잘 되어 있는 부분을 따로 체크해서 보낸다. 내가 누구인지를 자세히 알린 후 상대와 만나는 것과 그렇지 않은 것의 차이는 정말 크다. 블로그에 담긴 사진과 영상, 글만으로도 상대방에게 나를 생생하게 알릴 수 있다. 책과 마찬가지로 블로그에는 한 사람의 경험, 생각, 가치관이 집약되어 있기 때문이다. 말하자면 수년 간의 노력과 삶의 궤적이 나도 모르는 새에 모아지는 것이다. 꾸준한 포스팅만으로도 좋은 인상을 남길 수 있다. 성실함의 지표가 되기 때문이다. 이처럼 블로그만큼 확실하게 자신을 보여줄 수 있는 도구는 없다.

2. 한 분야의 전문가가 될 수 있다

전문가란 누구인가? 한 분야를 파고들어 깊이 있게 공부하는 사람들이다. 블로그만큼 전문가로 거듭나게 해주는 매체도 없다. 자신의 전문적인 지식과 경험들을 끊임없이 축적해나갈 수 있기 때문이다.

우리는 대학교 졸업장이나 석사 · 박사 학위보다 파워블로그를 운영하는 사람이 더 인정받는 시대에 살고 있다. 한 분야를 꾸준히 파라. 그리고 꾸준히 포스팅하라. 당신이 전문가로 인정받기 위한 가장 쉽고 빠른 길이다.

3. 다양한 기회가 찾아온다

나는 블로그 하나로 다양한 기회를 만났다. 포스코에 칼럼을 연재했고, 대학교 및 각종 단체에서 강의했다. 또한 텔레비전과 라디오에 출연했고, 메이저 언론사와 인터뷰했다. 그리고 출판의 기회까지 잡았다. 현재 회원 1만 명이 넘는 독서 카페 어썸피플을 운영할 수 있었던 밑바탕도 다 블로그 때문이다. 내 블로그의 글을 보고 카페까지 가입하는 사람들이 대다수다. 이처럼 블로그 하나만 열심히 하더라도 다양한 기회를 창출할 수 있다.

책을 읽고 블로그에 리뷰를 써라

지금까지 블로그 운영의 중요성을 장황하게 설명했다. 그런데도 "나는 전문적인 콘텐츠가 없는데…."라며 좌절하는 사람이 있을 것이다. 그럴 때는 책 리뷰부터 시작하자. 지금 읽고 있는 어떤 책이라도 좋다. 그 책을 다 읽은 후 한 줄이든 열 줄이든 느낀 점을 써보는 걸로 블로그를 시작해보라. 독서 효과도 높아지고 키워드 하나로 내가 원하는 정보나 글을 바로바로 찾을 수 있으니 일석이조가 아닐 수 없다.

다시 한 번 강조하지만 책은 읽는 것이 중요한 게 아니다. 좋았던 내용을 다시 읽고 자극을 받으면서 앞으로 나아갈 수 있는 힘을 얻는 것이 중요하다. 꾸준히 책 리뷰를 포스팅하면 리뷰 내용에 발전이 있을 것이고, 책을 보는 눈도 높아질 것이며, 당연히 블로그에 찾아오는 사람도 늘어날 것이다. 그러면 전문 책 리뷰가의 길이 열릴 수도 있다.

BEYOND 공부법 2단계

Everyday
: 매일
기록하라

손을 움직여라

쓰는 것이야말로 습관이 되지 않으면 할 수 없는 일이다. 끊임없이 쓰는 것으로 자기 자신을 발전시켜야 한다. 힘들어도 써라. 짜증 나는 날에도 써라. 쓰는 행위는 멈추지 말고 계속되어야 한다. 특히 책을 읽은 날에는 무조건 써야 한다.

책을 읽기만 하고 기록하지 않으면 순간의 재미와 감동은 있을지언정 그 책을 내 것으로 만들 수 없다. 시간과 노력을 들여 열심히 읽더라도 독서 효과가 매우 미미해진다는 뜻이다. 밑 빠진 독에 물 붓기라 생각하면 좀 더 이해하기 쉬울 것이다.

기록을 해야 하는 이유에는 여러 가지가 있다. 그중에서 가장 큰 이유는 눈뿐만 아니라 손을 사용해 책의 핵심 문장 및 가슴을 때리는 글들을 머릿속에 각인시키기 위해서다. 읽기만 하는 것이 아니라 쓰는 과정을 통해 생각은 뿌리를 내린다. 이렇게 쓰면서 독서를 한다는 것이 결코 쉬운 일은 아니다. 시간과 노력이 몇 배로 들어서 효율성 측면에서 손해라고 생각할 수도 있겠지만 그런 생각은 고이 접어 쓰레기통에 버려주길 바란다. 이제 쓰기를 통해 자신의 독서에 날개를 달아야 한다. 매일 읽고 매일 적는 습관을 통해 독서 효과를 극대화시키자.

아침 일기를 써라

나는 매일 아침 일기를 쓴다. 일어나자마자 집에서 쓸 때도 있고 사무실에 가서 쓸 때도 있다. 이런 식으로 아침 일기를 10년 넘게 써오고 있다. 물론 한 번도 빠뜨리지 않고 쓴 것은 아니다. 몇 주씩 쓰지 않을 때도 있었다. 하지만 중요한 것은 지금도 계속 쓰고 있다는 것이다. 아침 일기는 그냥 펜이 굴러가는 대로 쓰면 된다. 이렇게 쓰는 게 과연 무슨 효과가 있을까?

1. 하루를 열심히 살아야겠다는 다짐이 선다

아침에 기분 좋게 일어나는 사람은 드물 것이다. 모두 힘겹게 일어난다. 짜증이 날 수도 있고 출근 생각에 기운이 빠질 수도 있다. 하지만 이런 상황에서 아침 일기를 쓰면 나약해진 의지를 다잡는 효과가 있다. 글을 쓰면서 힐링이 된다. 일기의 시작은 불평, 불만으로 가득했을지 몰라도 항상 하루를 열심히 살아야겠다는 다짐으로 끝난다. 나 또한 10년째 이런 경험을 하면서도 그때마다 신기하다고 생각한다.

2. 현재 나의 문제점이 무엇인지 알 수 있다

매일 아침 일기를 쓰다 보면 적었던 내용들이 반복되는 경우가 있다. 가장 큰 이유는 현재 나에게 무슨 문제가 있는데 그 문제가 아직 해결되지 않았기 때문이다. 문제가 있다는 것을 큰 실수를 통해 깨달을 수도 있지만 아침 일기를 통해 빠르게 찾아낼 수도 있다. 일주일 분량의 일기만 읽어보아도 자신이 현재 어떤 문제로 고민하고 있는지, 풀리지 않는 일들이 무엇인지, 내가 해야 하는데 하고 있지 않은 일들이 무엇인지 바로 파

Tips for Reading 아침 일기를 쓸 때 주의할 점

- 멋있게 쓰려고 하지 마라. 아무도 안 본다.
- 너무 잘 쓰려고 하지 마라. 책을 내려고 쓰는 게 아니다.
- 부담감을 버려라. 단 한 줄이라도 좋으니 우선 쓰는 게 중요하다.
- 긍정적인 글이든 부정적인 글이든 그저 펜이 굴러가는 대로 써라.
- 똑같은 내용을 반복해서 써도 상관없다. 말도 안 되는 이야기라도 상관없다. 유치한 이야기라도 상관없다. 있는 그대로 계속해서 써라.

악할 수 있다.

책을 읽고 초서를 해라

'초서'란 가려 뽑아 베낀다는 뜻으로 책의 일부를 옮겨 쓰는 방법을 말한다. 다산 정약용이 두 아들에게 보낸 편지에서 설명한 초서 방법은 다음과 같다.

"먼저 자신의 생각을 정리한 후 어느 정도 정리가 되면, 그 생각을 기준으로 취할 것은 취하고 버릴 것은 버린다. 어느 정도 자신의 견해가 성립된 후 선택하고 싶은 문장과 견해는 뽑아서 따로 필기를 해서 간추려놓아야 한다. 그런 식으로 한 권의 책을 읽더라도 자신의 공부에 도움이 되는 것은 뽑아서 적어 보관하고, 그렇지 않은 것은 재빨리 넘어가야 한다. 이런 식으로 독서를 하면 백 권의 책이라도 열흘이면 다 읽을 수 있고, 자신의 것으로 삼을 수 있게 된다."

김병완 작가의 《책수련》에도 이런 말이 나온다.

초서법이야말로 요즘처럼 너무나 많은 책이 출간돼 읽어야 할 책이 많은 시대에 더욱 필요한 독서법이다. 초서 독서법을 실천하면 책을 한 번만 읽어도 수십 번 읽은 것과 같은 효과를 얻게 된다. 눈으로 읽을 때 한 번, 손으로

적으면서 또 한 번 읽게 된다. 책을 읽은 후에 다시 내용을 찾아보고 싶을 때도 초서해놓은 노트만 읽으면 책 내용이 짧은 시간 안에 되살아난다.

초서만 해도 효과가 있겠지만 옮겨 쓴 내용에 질문까지 던지며 책을 읽는다면 독서 효과는 극대화될 것이다. 질문에 대한 답을 찾기 위해 생각해야 하고, 생각하다 보면 답을 얻을 수 있기 때문이다. 독자들도 《일독일행 독서법》을 어떻게 읽고 어떻게 정리해야 할지 몰라 고민하고 있다면 위의 방법들을 꼭 실천해보자.

BEYOND 공부법 3단계

Yesterday : 과거에 적은 것을 다시 읽어라

나 스스로가 스승이 될 수 있다

나는 지금까지 많은 사람들에게 독서 노트 작성법과 다이어리 작성법에 대해 강의해왔다. "정말 도움이 되었어요!"라는 말도 들었고 "별로 효과를 못 봤어요."라는 이야기도 들었다. 나는 왜 후자와 같은 말이 나올까 궁금했다. 해서 효과를 보지 못했다는 사람들에게 이유를 물었다. 그러면 대다수가 다음과 같이 대답했다.

"책도 한 번 읽는다고 사람이 변하는 게 아닌데, 내용이나 감상을 한 번 썼다고 변할 리가 없잖아요."

나는 "그럼, 혹시 전에 쓴 독서 노트(다이어리)를 다시 읽은 적 있어요?"라고 물었다. 그러면 백발백중 "아니요."라는 답이 돌아왔다. 그게 바로 문제였다.

가끔씩 10년 전에 읽었던 책을 다시 읽곤 하는데 예전에 읽었을 때와는 전혀 다른 느낌에 놀란 적이 한두 번이 아니다. 나이를 먹고 세월이 흐름에 따라 책에서 받는 감동이나 눈에 띄는 메시지도 달라진다. 한 번 읽은 것으로 그 책을 다시 읽을 필요가 없다고 생각하면 안 된다. 살아온 시간과 경험에 따라 책은 다른 느낌, 다른 감상을 주기 때문이다.

독서 노트 또한 마찬가지다. 나는 보통 2주에 한 번씩 내가 쓴 독서 노트를 읽는다. 오래전에 쓴 노트부터 순차적으로 읽는다. 이렇게 다시 읽다 보면 정말 재미있는 경험을 하게 된다. 한 장 한 장 읽어갈 때마다 '와! 이때 열정이 장난 아니었구나! 지금이랑 비교가 되네!' '지금 너무 나태해졌구나! 이때의 마음가짐으로 돌아가 더 열심히 살아야겠다.' '내가 이런 문구에 자극을 받고 이런 생각을 가지고 있었구나.'라며 자신을 돌아보게 되는 것이다. 이런 신선한 자극은 삶을 어떻게 꾸려나가야 하는지, 지금 나에게 부족한 부분은 무엇인지에 대해 생각하게 만든다.

사람은 계속 변한다. 때문에 과거의 나와 대화하는 시간은 중요하다. 그래야 내가 원하는 게 뭐였는지, 지금 잘 살고 있는 건지를 되돌아볼 수 있기 때문이다.

스물세 살 때부터 써온 독서 노트가 어느새 50여 권이 넘었다.

BEYOND 공부법 4단계

Observe
: 만나는 사람을 주의 깊게 관찰하라

세상에 장점 없는 존재란 없다

나는 '나와 만나는 모든 사람들, 내가 접하는 모든 책들이 내 스승이다.'라고 생각한다. 해불양수(海不讓水), 바다는 어떠한 물도 마다하지 않고 받아들여 거대한 대양을 이룬다는 뜻의 사자성어는 내가 늘 마음에 담고 사는 말이다.

나는 만나는 사람들의 장점을 내 것으로 만들기 위해 노력한다. 또한 그들의 단점을 보고도 '저렇게 행동하지 말아야지.' '저렇게 생각하지 말아야지.'라는 교훈을 얻는다. 책을 읽을 때도 마찬가지다. 많은 사람들이

저조한 평을 내린 책이라도 그 안에서 배울 점을 찾기 위해 노력한다. 책에 실린 수많은 문장 중 가슴을 뛰게 하는 문장이 없는 책은 단 한 권도 없었다. 사람과 책, 그리고 세상 모든 것에는 배울 점이 있기 마련이다. 스스로에게 도움이 되고 필요한 것을 볼 줄 아는 눈을 가지고 있느냐 없느냐가 문제인 것이다.

만나는 사람 각자에게서 한 가지씩만 배워도 열 명을 만나면 열 가지 장점을 지닌 사람이 되고, 백 명을 만나면 백 가지를 더 알게 되며, 천 명을 만나면 천 명의 장점을 내 것으로 만들 수 있다.

_ **《관점을 디자인하라》** 중에서

나는 어썸피플을 운영하면서 정말 다양한 사람들을 만난다. 어썸피플은 나에게 가장 소중한 배움터이자 익힘의 장이다. 수많은 사람들과 이야기를 나누다 보면 평범했던 일상이 경이로워질 때가 많다. 현재 어썸피플에서는 독서 모임을 포함해 대략 열 가지 정도의 모임이 운영되고 있다. 각 모임마다 참여하는 사람도 다르고 연령대도 다양하다. 생각 역시 천차만별이다. 매주 이런 사람들을 100명도 넘게 만나고 있으니 이만한 배움의 장도 없을 것이다. 위의 글귀처럼 그들에게서 단 한 가지씩 배울 점을 찾아내 나에게 적용한다면 엄청난 발전을 이룰 수밖에 없지 않겠는가. 앞으로 사람들을 만날 때나 어떤 모임에 참여할 때 꼭 다음과 같은 질문을 던져보자.

'이 사람의 장점은 무엇일까?'

'이 사람에게서 배울 점은 무엇일까?'

'나는 이 사람에게 무엇을 알려줄 수 있을까?'

배울 점이 많은 사람들로 관계를 채워나가는 것도 중요하다. 옆에만 있어도 힘을 주고 긍정의 에너지를 불어넣어주는 사람이 있다. 보통 그런 사람은 만날 때마다 발전해 있고 남다른 생각으로 항상 깨달음을 준다. 이런 사람들과 늘 함께해야 한다. 그러기 위해서는 내가 먼저 그런 사람이 되도록 노력해야 한다. 사람을 불편하게 만들고 늘 틀에 박힌 이야기만 하며 한탄만 일삼는 사람이라면 주위에 비슷한 사람만 모일 것이다. 그러니 나를 한 단계 업그레이드 해줄 수 있는 사람들을 관찰하고, 진심을 다해 그들과 소통하라. 그리고 배운 점을 바탕으로 변하려고 노력하라.

BEYOND 공부법 5단계

Neighbor : 독서하는 이웃과 친해져라

독서를 습관화할 수 있는 가장 좋은 방법

많은 사람들에게 자주 듣는 말이 있다. "아, 책을 읽어야 하는데…." "아, 운동을 해야 하는데…." "아, 다이어트를 해야 하는데…." 뒷이야기는 더 이상 말하지 않아도 알 것이다.

"~해야 하는데."라는 말은 영원히 하지 않겠다는 말과 동의어다. 뭔가 해야겠다는 생각이 들면 바로 실행해야 한다. 이 핑계, 저 핑계를 대며 실행을 뒤로 미루는 사람은 결국 그 일을 해내지 못한다. 《책, 인생을 사로잡다》에는 다음과 같은 말이 나온다.

성공한 사람들과 실패한 사람들의 차이는 '의지의 정도'에 있는 것이 아니라 '습관'에 있다. 공부를 잘해 성공해야겠다는 의지는 모든 사람들이 갖고 있는 보편의 욕망이다. 의지가 결정적이라면 모든 사람이 공부를 잘하고 성공했을 것이지만, 현실은 그렇지 않다.

해야겠다는 의지만 가지고는 한계가 있다는 말이다. 지금 우리에게 필요한 것은 습관이다. 독서를 해야 한다는 말은 식상하다. '어떻게'라는 실천의 문제를 놓고 다양하게 생각하고 행동해야 한다. 지금까지의 경험에 비추어보면 나 혼자 해서 습관으로 자리 잡은 것이 있고, 다수의 사람들과 함께해서 습관으로 자리 잡은 것이 있다. 그중에서도 독서 습관은 함께 읽을 때 훨씬 더 쉽게 자리 잡혔다. 혼자서도 책을 잘 읽는 사람은 어

Tips for Reading **내가 만난 책벌레들의 열 가지 특징**

- 긍정적이고 표정이 밝다.
- 과거에 집착하지 않고 미래지향적이다.
- 생각에만 빠져 있지 않고 실천한다.
- 이해심이 넓고 타인을 배려할 줄 알며 상대방 의견에 귀 기울일 줄 안다.
- 협동심이 강하며 봉사와 나눔에 관심이 많다.
- 남을 험담하는 일에 시간과 에너지를 쏟지 않는다.
- 조급함으로 일을 망치지 않고 순리적으로 일을 해결한다.
- 시간을, 삶을 낭비하지 않는다.
- 자신만의 삶을 만들어나가기 위해 노력한다.
- 새로운 것에 도전하길 좋아하며 항상 변하려고 노력한다.

렸을 때부터 책을 좋아했을 확률이 높다. 하지만 성인이 되어서 책을 읽기 시작한 사람들은 독서 습관을 잡기 위해 노력해야 한다. 스스로에게 꼭 읽어야만 하는 규제가 필요한 것이다. 이런 강력한 장치로서 독서 모임만 한 게 없다.

독서 모임에 참여하면 책을 지속적으로 읽을 수 있는 힘이 생긴다. 일주일에 한 번만 참여하더라도 한 달에 네 권의 책을 꼼꼼히 읽게 되니 책 근육이 생기지 않으려야 않을 수가 없다. 더불어 다양한 사람들의 의견을 통해 생각하는 힘과 이해의 폭을 넓힐 수 있고, 자신의 부족한 부분까지 채울 수 있다. 다음은 독서 모임의 장점들을 모아본 것이다.

1. 변화의 속도가 빨라진다

여러 사람의 생각을 공유하다 보면 스스로 변화하는 속도가 빨라진다. 열심히 살면서 꾸준히 자기계발을 하는 사람들과 함께하다 보니 스스로의 일상을 반성하게 되고, 더 나은 생각과 실천으로 삶을 꾸려나가야겠다는 생각이 들기 때문이다. 물론 독서 모임에 한 번 참여했다고 자신을 변화시킬 수는 없다. 주기적으로, 꾸준하게 참여해야 그곳에서 받은 새로운 자극으로 자신의 성장 속도를 높일 수 있다.

2. 사고가 확장된다

같은 책을 읽더라도 사람에 따라 다양한 느낌과 의견이 나온다. 살아

| 독서를 습관화할 수 있는 가장 좋은 방법은 독서 모임에 참여하는 것이다.

온 환경과 경험, 배경지식이 다르기 때문이다. 이해의 폭도 저마다 다르기 때문에 함께 책을 읽고 토론하면 사고가 확장될 수밖에 없다. 지금까지 수많은 독서 모임을 진행하면서 좋았던 구절에 대해 이야기할 때 겹치는 문구는 고작 한두 개에 불과했다. 이렇듯 한 권의 책에서 내가 미처 보지 못했던 좋은 부분들을 다른 사람을 통해서 재발견할 수도 있다.

3. 책 편식을 하지 않게 된다

독서 모임에 참여하려면 선정 도서를 읽어야 한다. 선정된 도서가 관심 분야가 아닐 수도 있다는 뜻이다. 때로는 있는지도 몰랐던 책이 선정

될 때도 있다. 독서 모임에 참여하기 위해 원하지 않는 책을 억지로 읽게 되더라도 책의 내용이 좋아 빠져드는 경우를 많이 보았다. 그런 과정에서 책에 대한 편식을 고칠 수 있다. 더불어 다양한 분야의 책에 관심을 갖는 계기가 되기도 한다.

4. 주말을 알차게 보낼 수 있다

내가 운영하는 독서 모임 중 하나는 토요일 10시에 시작된다. (실제로 독서 모임은 주말에 많이 진행된다.) 대부분의 사람들은 토요일 아침을 의미 없이 보낸다. 늦잠을 자거나 빈둥대면서 말이다. 그러나 토요일 아침을 독서 모임으로 시작한다면 하루를, 아니 주말 전체를 정말 알차게 보낼 수 있다. 긍정적인 사람들과 함께 책을 읽고 생각을 나누니 좋은 에너지를 받을 수밖에 없고, 그러면 남은 주말을 알차게 보내려는 의지가 절로 생기기 때문이다.

5. 다양한 분야의 열정적인 사람들을 만날 수 있다

책을 읽고 다른 사람의 생각을 듣기 위해 독서 모임에 참여하는 사람도 있지만 좋은 사람, 의지와 열정으로 똘똘 뭉친 사람들과 함께하고 싶어 참여하는 사람도 많다. 다양한 연령대와 직업을 가진 사람들이 모이기 때문에 나와 다른 세계를 엿볼 수 있다. 사실 아침 일찍 독서 모임에 온다는 건 보통 일이 아니다. 하고자 하는 열정과 의지를 가지고 있어야 가능한 일이다. 이런 사람들과 이야기를 나눌 수 있다는 것 하나만으로도 독서 모임에 참여해야 할 충분한 이유가 된다.

6. 말하기 능력이 향상된다

독서 모임에 참여하면 책을 읽은 후의 소감을 다른 사람에게 이야기해야 한다. 때문에 말하기에 대한 자신감과 능력이 향상된다. 짧은 시간에 핵심을 전달하려는 노력은 말을 조리 있게 하는 연습이 된다. 토론 전에 미리 이야기할 내용들을 떠올리며 요약하는 과정만으로도 독서 효과는 몇 배로 높아진다.

BEYOND 공부법 6단계

Dream
: 꿈을 기록하고 행동으로 비상하라

꿈만 꾸는 사람은 실천하는 사람을 이기지 못한다

나는 상상만 한다고 해서 꿈이 이루어진다고 말하는 사람이 아니다. 행동이 없는 상상은 무의미하고 기록이 없는 상상은 있을 수 없다고 생각한다. 사람들은 대부분 일시적으로 큰 꿈을 꾸는 경우가 많다. 하지만 그 꿈을 가슴 깊이 품고 성취하기 위해 매일 노력하는 사람은 극히 드물다. 내가 간절히 원하는 것을 말하고 상상하는 것도 중요하지만 기록과 행동으로 자신의 꿈에 날개를 다는 게 무엇보다 중요하다.

나는 내가 이루고 싶은 것들을 독서 노트에 꼼꼼히 기록한다. 책 읽기

계획은 물론 자격증 따기, 운동하기, 해외여행 가기 등 내가 원하는 목표들을 상세히 적은 후 그것을 이루기 위해 쉼 없이 움직인다. 그리고 1년 뒤에 내가 세운 목표 중 얼마나 이뤄졌는지를 확인한다. 놀라운 건 내가 1년 안에 해내겠다고 생각했던 목표가 그 시간 안에는 이뤄지지 않더라도 2년 후, 혹은 3년 후에는 모두 이뤄졌다는 사실이다. 《하루 10분 독서의 힘》이란 책을 보면 나와 비슷한 경험이 나온다.

무엇보다 놀라운 것은 이렇게 적은 기록들이 하나씩 이루어진다는 것이다. 100% 정확하게 다 이루어지진 않더라도 거의 비슷한 모습이나 다른 방향으로라도 결과가 나타난다. 시간이 훨씬 지나서 결과가 나타나기도 하지만, 가끔은 소름 끼칠 정도로 정확하게 달성되는 일도 있다.

이렇듯 기록의 힘과 실천의 힘은 대단하다. 그러니 원하는 것이 있으면 우선 적어라. 아무리 자신이 원하는 일이라도 머리로 기억하는 것에는 한계가 있다. 적지 않으면 모두 안개 속으로 사라질 뿐이다. 그러니 적어라. 그리고 무조건 실천에 옮겨라. 단순히 '하고 싶다.' '해야지.'가 아니라 '즉시 한다. 무조건 한다. 될 때까지 한다.'라는 마음을 가져야 한다. 읽고 기록하고 말하고 상상하며 행동한다면 당신이 원하는 모든 것들을 이룰 수 있다.

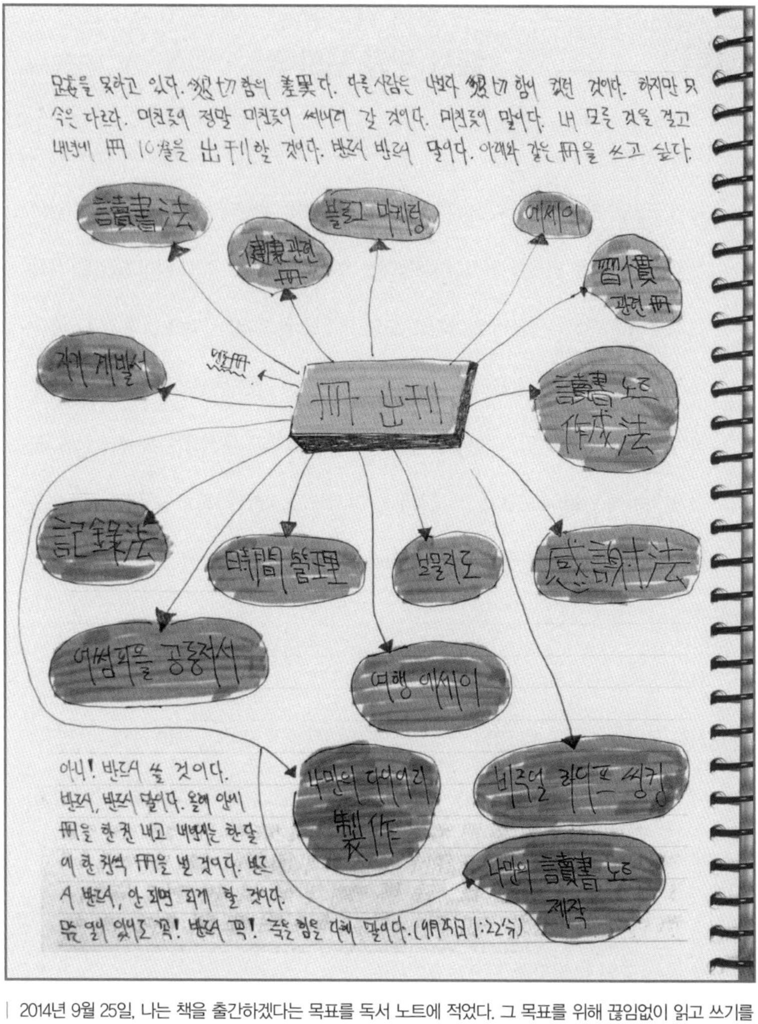

| 2014년 9월 25일, 나는 책을 출간하겠다는 목표를 독서 노트에 적었다. 그 목표를 위해 끊임없이 읽고 쓰기를 반복했다. 그리고 2015년, 그 꿈을 이뤘다.

독서광의 노하우

독서 모임 노하우

독서 모임을 만들기는 쉽다. 하지만 오래 지속하기는 힘들다. 5년 넘게 독서 모임을 운영하면서 많은 변화가 있었다. 처음에는 책이 좋아 어떤 틀도 없이 모임을 시작했지만 참여하는 사람들이 많아지고, 모임 개수도 늘어나면서 어떻게 하면 더 좋은 독서 모임을 만들 수 있을지에 대해 고민했다. 특히 다른 독서 모임에 주기적으로 참여해 내가 가지고 있지 않은 방법들을 체득했고 내가 운영하는 독서 모임을 좀 더 단단하게 만들어나갔다. 그 노하우를 여기에 소개한다. 독서 모임을 시작하고 싶은데 어디서부터 무엇을 해야 할지 모르는 이들에게 도움이 될 것이다.

책을 즐겨 읽고 책을 사랑하는 사람을 모아라

독서 모임을 시작할 때 가장 중요한 것이 참여자들의 합이다. 책을 통해 이전보다 더 나은 삶을 살겠다는 사람들, 일주일에 책 한 권은 읽겠다는 사람들, 남의 말을 경청할 줄 아는 사람들과 함께해야 독서 모임이 풍요로워진다.

● 독서 모임 참여자를 모으는 방법

1. 독서 카페를 검색한다.

2. 회원수가 많은 카페에 가입한다.

3. 자유 게시판에 독서 모임의 취지를 담은 공지를 올린다.

책을 정하라

독서 모임의 승패는 책 선정에 있다고 해도 과언이 아니다. 책 선정 실패는 독서 모임 실패로 이어질 수 있다. 참여자들의 책 근육은 전부 다르다. 그러니 함께 읽고 토론할 책은 신중하게 골라야 한다. 특히 뭔가 있어 보이기 위해 어려운 책을 선택하면 백발백중 실패한다. 또한 너무 취향 위주의 책을 고르는 것도 위험하다. 많은 사람들과 공감할 수 있는 책으로 모임을 시작하는 게 좋다.

● 책 선정 원칙

1. 대중적인 책을 골라라.
2. 절판되거나 서점에서 쉽게 구할 수 없는 책은 피하라. 생각보다 책을 구하지 못해 모임에 참여하지 못하는 경우가 많다.
3. 베스트셀러보다 스테디셀러가 더 좋다.
4. 한 분야에 치우치지 마라.

규칙을 정하라

모임을 할 때는 반드시 규칙이 있어야 한다. 규칙이 없다면 독서 모임은 산으로 갈 수밖에 없다. 계속해서 규칙을 어기는 사람은 안타깝더라도 모임에서 제외시켜야 한다. 몇 명 때문에 다른 참여자들이 피해를 볼 수 있기 때문이다.

● 독서 모임에서 가장 중요한 규칙

1. 논쟁하지 마라.
2. 내 생각을 타인에게 주입시키려 하지 마라.
3. 책은 반드시 읽어라. 부득이한 사정으로 책을 못 읽었을 경우에는 블로그 리뷰를 최소 다섯 개 이상 읽어라.
4. 토론이 책 주제와 상관없이 지극히 개인적인 이야기로 흐르는 것을 막아라.

좋은 질문을 던져라

좋은 질문이 많이 나올수록 독서 모임의 질이 높아진다. 많은 사람들에게 도움이 되는 질문을 다섯 개 정도 만든 뒤 모임에 참여하자.

시간 조절을 잘하라

말이 많은 사람은 자신이 말이 많다는 것을 모르는 경우가 많다. 이야기를 끝까지 들어주다 보면 20분도 넘게 시간을 허비할 수 있다. 한 사람당 발언 시간을 5분씩 정해서 다양한 이야기를 나누는 것이 좋다.

다음 모임을 기약하라

독서 모임이 끝나면 후기를 작성하고 SNS에 퍼트려라. 독서 모임 후기는 시간이 지날수록 큰 힘을 발휘한다. 사람들은 모임이 생긴 지 얼마 안 되었으니 곧 없어지겠지, 라고 생각한다. 하지만 매주 후기가 올라오면 모임에 신뢰를 갖는다. 관망하고 있던 사람들을 모이게 만드는 힘은 모임 후기에 달려 있다.

책 읽기,
절대 포기하지 마시길!

책을 처음 접하고 내 삶에 적용해나가면서 무수한 시행착오를 겪었다. 매일 책을 집어던지는 상상을 수백 번도 더 했을 정도다. 그래도 마음을 다잡고 계속 읽어나갈 수 있었던 힘은 '지금 책 읽기를 포기하면 나는 그 어떤 일도 쉽게 포기할 것이다.'라는 마음 때문이었다.

앞에서도 말했지만 나는 청소년 시절에 정말 싸움을 많이 했다. 그리고 거의 져본 적이 없다. 이유는 이길 때까지 싸웠기 때문이다. 한번은 다른 지역 중학교에서 싸움을 가장 잘하던 아이와 시비가 붙었는데 아마 두 시간도 넘게 싸웠을 것이다. 손이 부러지고 코가 부러질 정도로 치고받으면서도 절대로 물러서지 않았다. 그만큼 나 스스로가 이겼다는 마음이 들 때까지 싸워야 직성이 풀렸다.

사실 중학생 때는 체구도 작고 말라서 싸움을 잘하는 편이 아니었다. 그런데 어느 날 반 친구와 말싸움 끝에 주먹이 오가게 되었다. 결과는 누가 봐도 나의 처참한 패배였다. 나는 분해서 견딜 수 없었다. 그날부터 특훈에 들어갔다. 팔굽혀펴기와 윗몸일으키기, 5킬로그램짜리 아령을 양손에 들고 치고 피하는 연습을 매일 1000번 이상씩 했다. 그리고 끊임없이 마인드 컨트롤을 했다. 상상 속에서 그 친구와 수천 번은 더 싸워서 이겼다. 나는 이 정도면 됐겠다 싶어 그 친구에게 다시 싸움을 요청했다. 한 달 동안 이어진 나름의 특훈 때문이었을까. 결과는 정말 시시하게 나의 승리로 끝났다.

이렇듯 나는 승부욕이 정말 강하다. 한때는 도가 지나칠 정도로 승부욕이 강해서 주변 사람들에게 피해까지 입혔다. 하지만 이런 승부욕도 공부에서만큼은 드러나질 않았다. 성적은 항상 하위권을 맴돌았고 시험 기간은 나에게 가장 여유롭고 즐거운 시간이었다. 시험 기간에 결석한 적도 있으니 말 다 했다.

이런 상황에서 갑자기 책을 읽어나간다는 건 쉬운 일이 아니었다. 한 달에 두세 권도 아니고 매일 한 권 이상씩 읽으려 했으니 말이다. 힘들고 지치고 어렵고 짜증 나고 머리가 터져버릴 것 같은 시간의 연속이었지만 그래도 포기할 수 없었다. 예전처럼 의미 없는 삶을 살고 싶지 않았다.

사람들은 내가 원래 책을 좋아해서 독서광으로 살아가는 줄 안다. 하지만 책 읽기가 습관화되기까지 엄청난 노력이 있었다. "너 같은 놈이 책을 읽어서 뭐해? 그런다고 뭐가 달라질 것 같아?" "천성은 바꿀 수 없어. 포기해!" "네가 책을 읽어봐야 얼마나 읽겠냐?"라는 주위의 냉소를 받을 때마다 나는 다짐하고 또 다짐했다.

'두고 봐! 밑바닥에서 허우적대던 내가 책을 통해 얼마나 멋지게 날아오르는지 반드시 보여주겠어!'

나는 그때도 지금도 책을 읽는 사람은 반드시 변할 수 있다고 믿는다. 그리고 나는 실제로 변했다. 그러니 지금 당신, 책 읽기를 절대 포기하지 마시라. '책을 읽는다고 모두 성공하는 것은 아니다. 하지만 성공한 사람은 모두 책을 읽었다.'라는 말을 가슴에 새기며 매 순간 수불석권하시길!

|책 속 부록 1|

독서 멘토 인터뷰

“독서는 저자와 근사한 저녁 한 끼를 먹는 것!”

– 언어 천재 조승연, 책을 말하다

“책은 훌륭한 인생 멘토!”

– 행복한 일러스트레이터 밥장, 책을 말하다

“책 읽기는 인생 예습!”

– 베스트셀러 작가 고정욱, 책을 말하다

"독서는
저자와 근사한 저녁 한 끼를
먹는 것!"

: 언어 천재 조승연, 책을 말하다

조승연

영어, 불어, 이탈리아어 등을 자유자재로 구사하며 라틴어까지 독해하는 언어 천재이자 세계문화 전문가다. 50만 독자가 열광한 《공부기술》을 비롯해 최근작 《비즈니스 인문학》까지 총 17권의 책을 출간했다. 〈EBS 세계테마기행〉 〈KBS 여유만만〉 등 여러 프로그램에 출연했고, 〈동아 비즈니스 리뷰〉에 '문화 DNA' 칼럼을 연재하는 등 다방면에서 왕성하게 활동하고 있다. 미국 뉴욕대 경영학교를 졸업했고, 프랑스 에꼴 드 루브르에서 수학했다. 영국계 컨설팅 회사 'UnfroZenMind'에서 외부 상임이사를 역임했으며, 현재 글로벌사이버대학교 겸임 교수로 재직 중이다. 더불어 '오리진보카'의 대표로 일하고 있다.

모든 지식을 연결시켜 그물 속에 넣어라!

유근용(이하 유) : 이력만 보면 몸이 두 개라도 모자라실 것 같아요. 이렇게 바쁜 와중에 책은 어떤 식으로 읽으세요?

조승연(이하 조) : 이동 시간을 이용해서 책을 읽는 편이라 종이책보다는 전자책을 많이 읽어요. 원래는 읽기에 가벼운 책과 무거운 책 두세 권을 늘 가지고 다녔는데, 너무 무거워서 힘이 들더라고요. 해서 킨들을 구입했어요. 킨들은 그물망 공부법을 적용하기에 정말 좋은 기계예요. 고유명사만 클릭하면 위키피디아(다국적 온라인 백과사전)가 자동으로 뜨거든요. 모르는 단어를 클릭하면 사전이 뜨고요. 이렇게 검색 기능이 내장되어 있기 때문에 그물망 공부가 자동으로 된다고 볼 수 있어요. 또한 하이라이트 기능이 있어 기억하고 싶은 부분을 체크하고, 노트화시킬 수도 있죠. 그 노트에 책을 읽은 소감까지 적어놓는다면 그것만으로도 책 한 권을 만들 수 있어요.

유 : 독자들을 위해 그물망 공부법에 대해 간단히 소개 좀 부탁드려요.

조 : 그물망 공부법은 여러 개의 개별 현상과 지식을 하나로 연결해서 방대한 지식으로 확장시키는 방법이에요. '커피'에 대해 관심을 가지면 6~7세기경 에티오피아의 칼디라는 곳에서 커피가 발견됐다는 것, 유럽 사람들이 십자군 전쟁 때 처음 커피 맛을 봤다는 것 등을 알 수 있어요. 그러면 거기에 그치지 말고 십자군 전쟁이 무엇이었는지, 십자군 전쟁과 종교가 어떤 관련이 있었는지 등을 책을 통해 알아가야 해요. 단어 하나로 역사와 문화의 영역까지 넘나드는 거죠. 이러한 그물망 공부법은 짧은 시간에 다방면의 지식을 습득할 수 있게 해줘요.

어떻게 보면 결국 제가 생각하는 공부는 독서예요. 책을 제대로 잘 읽는 게 공부의 핵심인 거죠. 수학책을 다 이해하며 읽은 사람은 학원에 갈 필요가 없어요. 국어책에 나오는 윤동주의 시를 읽으면서 그 속에 담긴 의미와 상징을 알았다면 굳이 참고서를 볼 필요가 없는 거죠. 하나의 주제에만 빠지지 말고 계속해서 가지를 뻗어나가는 독서를 하세요. 독서법이 완벽해지면 공부는 자동으로 완성됩니다.

유 : 중학교 때 미국으로 건너가셨죠? 그때도 나름의 공부법이 있으셨나요?

조 : 없었어요. 솔직히 말하면 저는 정말 게을렀어요. 머리가 조금 좋아서 교과서를 보지 않고 숙제를 안 해도 대충 수업을 따라갈 수 있었어요. 게다가 혼자 한글을 일찍 깨우쳤기 때문에 천재란 소리를 듣고 자랐어요. 그러다 보니 '내가 정말 천재구나.'라는 생각에 공부를 더 안 하게 됐죠. 초등학생 때는 쓸데없이 콧대만 높아서 선생님이 "숙제를 왜 안 해왔냐?"라고 물으시면 당당하게 "숙제 안 해도 나는 다 이해해요. 시험 때 결과로 보여드릴게요."라고 말할 정도였어요.

초등학교 때까지는 이런 방법이 통했는데 중학교에 올라가면서 성적이 급격하게 떨어지기 시작했어요. 정말 형편없이 말이죠. 중학교 2학년 때 수학 평균이 50점대, 국어 평균이 30점대였어요. 이런 상태에서 미국에 갔으니 얼마나 힘들었겠어요?

유 : 그럼 미국에 가셔서 그물망 공부법을 찾으신 건가요?

조 : 네. 미국에 처음 건너갔을 때는 아무것도 몰랐어요. 공부를 못한 건 말할 필요도 없고요. 미국은 숙제를 정말 중요하게 생각하는데 한국에서 숙

제하는 습관을 들이지 않았으니 모든 과목의 점수들이 형편없었죠. 이런 상황에서 유대인 친구들을 만났어요. 공부 노하우를 제대로 가지고 있는 친구들이었죠. 그 친구들과 함께 시간을 보내면서 책을 읽다 보니 어느 순간 지식의 바다에 빠져 있더라고요. 특히 지적 호기심을 내면화시키는 그들의 대화 방식과 독서 교육이 그물망 공부법, 그물망 독서법의 토대가 되었어요.

두뇌에 책이라는 앱을 깔아라!

유 : 독서가 중요한 이유는 뭘까요?

조 : 독서는 두뇌에 앱을 설치하는 거라고 생각해요. 책 한 권이 하나의 앱인 거죠. 휴대폰도 유용한 앱이 많아야 적재적소에 사용할 수 있잖아요? 두뇌도 마찬가지예요. 아무리 머리가 좋아도 다양한 책이라는 앱을 깔아놓지 않으면 필요할 때 꺼내 쓸 수가 없어요. 하나의 현상을 보더라도 머릿속에 다양한 앱이 깔려 있다면 그만큼 다양한 시선과 각도로 현상을 바라볼 수 있다는 걸 기억해야 해요. 그게 바로 창의력의 시작이고요.

유 : 책을 한마디로 정의하신다면?

조 : 책은 대화예요. 스티브 잡스가 쓴 책을 읽는다는 것은 그와 단둘이 앉아서 이야기를 나누는 것과 같은 거죠. 실제로 스티브 잡스와 함께 식사할 기회가 있다면 누가 마다하겠어요?

책이 비싸다고 말하는 사람들이 있는데 저는 그 말을 별로 좋아하지 않아요. 오바마가 참여하는 저녁 식사에 테이블 하나를 잡으려면 수억 원이 들어요. 하지만 오바마가 쓴 책은 비싸야 2만 원 정도예요. 그 돈으로 오바마와 대화를 나눌 수 있는데 그게 아깝다니, 잘 이해가 되지 않아요.

유 : 책 읽을 시간이 없다는 사람이 참 많은데 어떻게 생각하세요?

조 : 저는 직장인들에게 "동료랑 점심 먹을래요? 아리스토텔레스랑 밥 먹을래요?"라고 물어요. 직장 동료랑 매일 밥 먹는 사람과 아리스토텔레스, 빌 게이츠와 매일 밥 먹는 사람 중 누가 더 경쟁력이 있을까요? 후자죠. 제 생각은 확고해요. 그러니 점심시간만큼은 사람들과 조금 떨어져서 책을 읽었으면 좋겠어요. 혼자 사색하는 시간도 갖고요.

유 : 독자들에게 한 말씀해주신다면?

조 : 책을 천천히 읽으세요. 너무 빨리 읽으려 하지 마시고요. 한국 사람들은 너무 '빨리빨리'를 좋아해요. 책은 빨리 읽으면 안 돼요. 아까도 이야기했듯 독서를 대화라고 생각하고 상대의 이야기를 곱씹어야 해요.

제가 운전학원을 다닐 때 강사님이 했던 말이 있어요. "느리게 가세요. 느리게 가면 어떤 돌발 상황에서도 대처가 가능해요. 속도가 줄어들면 판단할 시간이 늘어나고 판단할 시간이 늘어나면 사고를 미연에 방지할 수 있어요. 판단할 시간이 없을 때 늘 사고가 나는 거예요." 책도 똑같은 것 같아요. 책을 읽으면서 머리에 정리할 시간을 주지 않고 무조건 빨리, 더 많이 읽으려 들면 내용이 뒤죽박죽 엉켜버릴 수밖에 없어요. 그럼 머리가 아플 테고, 머리가 아프면 책을 점점 멀리하겠죠. 책을 빨리 읽고자 하는 강박관념을 내려놓고 하루에 10페이지라도 천천히 읽는 습관을 들여보세요.

조승연의 추천 도서

1. 《이야기 인문학》, 조승연 저, 김영사

지금은 영어 공부를 어학 공부로 생각하지 말고 글로벌 커뮤니케이션의 기초라고 생각해야 돼요. 단어 하나하나에도 그 나라만의 문화적 의미가 있어요. 이러한 의미들을 정리하고, 그것들을 연습하도록 돕는 게 바로 이 책의 핵심이에요.

2. 《당신의 이름을 지어다가 며칠은 먹었다》, 박준 저, 문학동네

시를 통해 예쁘고 아름답게 말하는 법까지 함께 배울 수 있었던 책이에요. 성인들도 시를 많이 읽었으면 좋겠어요. 그 속에서 사색하고 글과 단어의 문학적인 맛, 색다른 맛을 알아가면 좋을 것 같아요.

3. 《생각의 지도》, 리처드 니스벳 저, 김영사

각 나라의 심리를 잘 정리한 책인데 정말 재미있고 읽기도 쉬워요. 글로벌한 사회에서 외국 사람들이 나랑 이렇게 뼛속까지 다르구나, 라는 것을 알 수 있게 도와주고 같은 말을 해도 같은 말을 하고 있는 게 아니구나, 라는 걸 깨닫게 해주는 책이죠.

"책은 훌륭한 인생 멘토!"

: 행복한 일러스트레이터 밥장, 책을 말하다

밥장

즐겁게 사는 게 인생 모토인 일러스트레이터이자 에세이스트다. 연세대학교 경제학과를 졸업한 후 평범한 회사원으로 살다가 마음이 이끄는 대로 살고 싶어 그림을 그리기 시작했다. 밝고 경쾌한 그의 그림은 수많은 사람들의 호응과 공감을 얻었고, 밥장 역시 그들과 소통하며 오늘 하루도 즐겁게 살고 있다. 더불어 여행과 독서, 공상을 좋아하는 것만큼이나 다양한 저서도 세상에 내놓았다. 《떠나는 이유》 《나는 일러스트레이터다》 《밤의 인문학》 등이 그의 대표작이다. 개인 작업, 전시, 아트 디렉팅, 디자인, 일러스트 등 수많은 작업을 해왔지만 요즘은 '믿는 구석'이라 이름 붙인 작업실에서 친구들과 맥주를 홀짝이거나 책을 읽을 때가 가장 행복하다.

'내가 잘할 수 있는 것'에 대한 답을 좇다!

유근용(이하 유) : 처음부터 일러스트레이터로 활동하시지 않았다는 게 참 흥미로워요.

밥장(이하 장) : 평범하게 회사 생활을 하다가 어떻게 그림을 그리게 되었느냐는 질문을 참 많이 받아요. 사실 지나간 일을 돌이켜보면 다들 자신이 이렇게 계획해서 이렇게 행동했고, 이렇게 되어 있구나, 라고 생각하잖아요? 그런데 실제로 뭔가를 시작하려고 할 때 차후를 생각하는 사람이 많을까요? 저는 아니라고 생각해요. 그저 시작하는 거죠. 앞으로 어떻게 될지 모르는 상태에서 행동하는 거랄까요? 저 역시 그림을 그리기 위해 회사를 그만둔 건 아니었어요. 당시에 그림이 제 인생의 중심에 있었던 것도 아니고요. 조금은 대책 없어 보일지도 모르겠지만 그저 좋아하는 일을 시작했고 그만두지 않으니까, 그리고 그 일을 즐기게 되니까 이렇게 여기까지 와 있는 것 같아요.

유 : 맞아요. '시작'에 가장 큰 힘이 있는 것 같아요. 그런데 회사는 왜 그만두셨어요?

장 : 학생 때는 의지대로 할 수 있는 게 별로 없잖아요? 대신 주변에서 어떻게 살아야 된다는 가이드는 많이 주지요. 저는 별 의문 없이 그 조언들에 충실하게 살았던 것 같아요. 그래서 대학에 갔고, 취직을 했지요. 그런데 어느 순간 '과연 내가 이렇게 평생을 살 수 있을까?'라는 의문이 들었어요. 그러면서 뭔지는 모르겠지만 내가 즐겁게 평생 할 수 있는 게 분명 있을 거야, 라는 생각이 들었어요. 막연한 기대라고 해야 할까…. 그러면서 혼자 할 수 있는 일, 잘할 수 있는 일, 재밌게 할 수 있는 일에 대해 끊임없이 고민했어요. 그

고민의 답을 찾다 보니 지금 이 자리에 와 있는 거예요.

'선명한 꿈을 꾸어야 한다!'라는 말은 들을 때는 참 달달하지만 막상 삶에 적용하는 건 쉽지 않아요. 과학자나 대통령을 꿈꾸던 어린 시절처럼 감정이 단순하지 않으니까요. 생각할 것도 많고, 현실적인 부분도 고민해야 하고…. 그래서 저는 단순하고 명확한 말이나 이야기는 답이 될 수 없다고 생각해요.

유 : 그림을 전공하신 게 아니죠? 어떤 식으로 그림 연습을 하셨어요?

장 : 그림을 그리려면 많은 기술이 필요해요. 가령, 펜을 쓰는 법, 붓을 쓰는 법, 구도 잡는 법 등 우리가 어려워하는 그런 기술들이요. 사실 그 기술들이 왜 필요한가를 따져보면 결국 내 안에 있는 이야기를 꺼내놓기 위해서예요. 내가 본 대상, 내가 해석한 대상을 기술을 사용해서 재생산하는 거죠. 기술을 어느 정도 익히면 과연 내 안에 이야기가 있는가, 그걸 꺼내놓을 수 있는가에 대한 문제에 봉착하게 돼요. 다행히 저는 그림을 늦게 시작한 게 득이 된 케이스예요. 경험이 많이 쌓여 있어서 그것들을 막 꺼내고 싶었거든요. 내가 편하게 나의 이야기를 꺼내놓아야 사람들도 나를 편하게 받아들여요. 이건 그림뿐 아니라 인간관계에도 적용되는 이야기인 것 같아요. 저는 그런 과정을 거친 후에 기술을 배워나갔어요. 어쩌면 거꾸로 한 것 같지만, 뭐 어떤 일에 정답이 있는 건 아니니까요. 그림 잘 그리는 친구들에게 물어보기도 많이 물어보면서 정말 쉬지 않고 그림을 그렸어요.

유 : 여행을 할 때도 사진 대신 그림을 많이 그리신다고 들었어요.

장 : 여행을 떠날 때 꼭 새 노트 한 권을 준비해요. 그 노트에 일기도 쓰고 그림도 그리고 여행지에서 얻게 된 것들도 오려 붙여요. 냅킨이나 아이스크림

껍데기 하나도 버리지 않고 모조리 공책에 오려 붙이죠. 사실 이런 것들을 사진으로 남길 수도 있지만 그러면 별 느낌이 없어요. 반대로 그냥 버릴 수도 있었을 음식 설명서 하나도 여행 노트에 붙여놓으면 훌륭한 이야깃거리가 되죠.

이렇게 노트 한 권을 완성시키며 여행을 하면 돌아온 후에도 여행 기억이 선명하게 남아요. 여행을 갔다 와서 무언가를 쓰려고 하면 기억이 희석되기 마련인데, 그럴 걱정이 없거든요. 특히 그림은 당시 느꼈던 기분을 그대로 표현한 거라 더욱 의미 있는 것 같아요. 이렇게 여행 한 번에 여행 노트 한 권이 남아요.

저는 지인들에게도 여행지에서 눈으로 보고 느낀 것들을 한 번 적어보라고 자주 말해요. 여행을 가면 사람들은 예민해질 수밖에 없어요. 익숙하지 않은 것들을 대하기 때문에 오감이 열리기 때문이죠. 그럴 때 뭔가를 적으면 스스로도 몰랐던 이야기를 꺼낼 수 있어요. 여행을 마친 후 돌아와 자신이 쓴 노트를 보면 '내가 이런 생각도 했었구나.'하며 깜짝 놀랄 수 있죠. 저는 그 '놀람'이 참 좋아요.

태초에 책 한 권이 있었다!

유 : 그림이면 그림, 디자인이면 디자인, 책이면 책… 정말 여러 분야에서 바쁘게 활동하고 계신데, 책은 언제 읽으세요?

장 : 책은 늘 가까이에 있어요. 회사를 다닐 때는 '앞으로 내가 뭘 하게 될지는 모르겠지만 책을 많이 읽는 일을 하고 싶다.'라는 생각을 했어요. 그만큼 책을 좋아했거든요. 그러니 책은 늘 시간이 있을 때마다 손에 들고 있는

편이에요.

유 : 그럼 한 달에 책은 몇 권 정도 읽으세요?

장 : 그것도 대중이 없어요. 최근 3년 동안 1년에 100권씩 읽는 걸 목표로 삼았는데, 지금까지 잘 실천해오고 있어요. 블로그에도 책 일기를 꾸준히 올리고 있고요.

유 : 블로그에 책 일기를 올리시는 특별한 이유라도 있으세요?

장 : 저는 혼자 일하는 사람이라 컨트롤해줄 사람이 없어요. 스스로 뭔가를 해야 하는데, 그 마음가짐이 느슨해지지 않게 도와주는 게 블로그나 페이스북인 것 같아요. 블로그에 1년에 100권씩 읽겠다, 라는 말을 던져놓으니 이웃들이 아무 말 하지 않는데도 제가 의식적으로 그 말을 지키려고 노력하고 있더라고요. 더 열심히 하게 되고요. 게다가 다른 사람들에게도 책 읽을 동기를 부여하는 것 같아 즐겁기까지 해요.

유 : 독서가 현재 하고 계신 일에 도움이 되나요?

장 : 그럼요! 정말 많은 도움이 되죠! 중학교 때 기술 선생님이 해주셨던 말씀이 있어요. 어느 날 칠판에 큰 타원을 그리시더라고요. 그리고 그 밑에 두 개의 타원을 더해서 깔때기를 그리시는 거예요. 그러면서 "깊은 우물을 파기 위해서는 넓게 파야 한다."라고 말씀하셨어요. 그때 선생님의 의도는 국·영·수뿐 아니라 기술도 열심히 공부해라, 라는 뜻이었지만 저는 그 말씀이 계속 기억에 남았어요. 그 이야기가 삶의 모든 부분에 적용된다고 생각했거든요.

예를 들어 회사 일을 잘하려면 회사 일뿐만 아니라 다른 것도 잘해야 해요. 하나를 잘하기 위해서는 여러 가지 변수를 잘 알아야 하죠. 통찰력이 필요한 거예요. 이러한 통찰력을 기르려면 직접 여러 일을 겪으며 깨닫는 게 중요한데, 사실 세상 모든 일을 겪는다는 게 현실적으로 어렵잖아요. 그럼 결국 다른 사람의 경험과 지식, 노하우를 배워야 한다는 건데, 그러기 위한 가장 좋은 방법이 뭐겠어요? 바로 독서죠.

여기서 제가 가장 중요하게 생각하는 건 책 분야를 한정 지어서 읽을 필요가 없다는 거예요. 스스로의 상황에서 어떻게 보느냐에 따라 모든 책이 훌륭한 멘토가 될 수 있기 때문이죠. 책을 읽고 거기서 느낀 걸 내가 하고 있는 일에 적용하다 보면 새로운 아이디어와 통찰력이 생길 수밖에 없어요.

유 : 특별한 독서 노하우가 있으신가요?

장 : 우선 꼬리에 꼬리를 무는 방식으로 책을 읽어요. 어떤 책이 만들어지기까지는 여러 책들이 먼저 존재해요. 어느 작가든 다른 책, 혹은 다른 작가의 영향을 받지 않은 사람은 없으니까요. 저는 제게 영향을 준 책에 나오는 또 다른 책들을 잘 기억해두었다가 꼭 그 책들을 찾아 읽어요.

그리고 두 번째 노하우라면… 책을 지저분하게 읽는다는 것? 줄도 치고 책장도 접고, 빈 면에 의견도 써가며 책을 읽어요. 저는 제 손에 들어온 책은 나만을 위해 존재하는 거라고 생각하기 때문에 과감하게 읽는 편이에요. 책 내용을 내 안에 넣는 게 가장 중요하니까요. 그리고 중요하다고 생각되는 건 무조건 노트에 옮겨 적어요. 느낀 점까지 써 넣으면서요. 그런 후에 그 노트들을 다시 한 번 읽어보죠. 그럴 때마다 좋은 아이디어가 떠올라요.

메모하는 습관은 정말 중요한 것 같아요. 아무리 책을 지저분하게 본다고 해도 그 모든 걸 기억할 수는 없잖아요? 이때 메모해둔 걸 보면 내가 책을 읽으며 생각했던 것들, 느꼈던 것들이 생생하게 기억나요. 더불어 아이디어를 얻거나 인용할 때 많은 도움이 되죠. 노트만 모아도 책 한 권을 만들 수 있어요.

유 : 인상 깊은 책 속 문구가 있다면 말씀해주세요.

장 : 최근에 읽은 책에 이런 말이 있었어요. '세상에 책은 한 권 있는 것 같다. 다만 시간이 흐르면서 다른 방법으로 쓰고 또 쓰고 하는 것 같다.' 생각해보면 천 년, 이천 년 전에 쓴 책을 봐도 사람이 사람을 대하는 태도라던가 세상을 보는 눈 자체가 지금과 크게 다르지 않은 것 같아요. 물론 기술과 과학은 상상 이상으로 발전했지만 말이죠. 결국 우리는 수많은 책을 경험하며 '한 권의 책'을 읽어나가는 것 같아요.

유 : 독자들에게 한 말씀해주신다면?

장 : 조금 전에 말씀드렸듯 책이란 건 결국 '한 권'이기 때문에 어떤 책을 읽든지 상관없다고 생각해요. 자꾸 책에서 어떤 의미를 찾으려고 하면 책하고 멀어질 수밖에 없어요. 사람도 마찬가지잖아요. 만나면서 의미를 따지는 순간 관계 자체에 집중하지 못하고 의미 혹은 그걸 통해서 얻을 수 있는 무언가에 집중하게 돼요. 이렇게 되면 책 '자체'를, 사람 '자체'를 즐길 수 없게 되죠. 그러니 의미를 떠나 즐겁게 읽을 수 있는 책을 읽으세요.

밥장의 추천 도서

1. 《바람의 노래를 들어라》, 무라카미 하루키, 문학사상

젊은 날의 기억을 되찾아주는 책이에요. 이 책을 열 번도 더 읽었어요. 주인공보다 어릴 때도 읽었고 더 나이 들어서도 읽었는데, 그때마다 느낌이 다르더라고요. 주인공과 나의 미래 이야기가 현재의 이야기가 되어가는 느낌이랄까? 텍스트는 변하지 않지만 시간에 따라 읽히는 게 달라지니까 늘 즐겁게 읽는 책이에요.

2. 《신화와 인생》, 조지프 캠벨, 갈라파고스

신앙에 대해 자유롭게 해준 책이에요. 하느님도, 예수님도 정말 자유로운 분들이라는 것을 알게 해준 책이죠. 이런 깨달음을 얻게 되자 내가 즐겁게 사는 게 온당한 거구나, 라는 걸 알게 되었어요. 그러면서 마음이 무척 편해졌지요.

3. 《대부》, 마리오 푸조, 늘봄

재미있는 소설에 대한 기준을 만들어준 책이에요. 첫 페이지부터 끝 페이지까지 손을 뗄 수 없을 정도로 흡입력이 있는 책이죠. 문장은 짧고 건조한데 그 문장들이 만들어내는 이야기는 정말 뜨거우리만큼 흥미로워요.

"책 읽기는 인생 예습!"

: 베스트셀러 작가 고정욱, 책을 말하다

고정욱

'까칠한 재석이' 시리즈로 사랑받는 베스트셀러 작가이자 문학박사다. 성균관대학교 국어국문학과와 동 대학원을 졸업한 후, 문화일보 신춘문예에 당선되어 작가의 길로 들어섰다. 어릴 때 소아마비를 앓아 1급 지체 장애인의 삶을 살고 있지만 한국장애인연맹 이사, 한국장애인인권포럼 부회장으로 활동하며 장애가 삶과 꿈을 방해할 수 없다는 걸 몸소 보여주고 있다. 대표작으로는 《까칠한 재석이가 사라졌다》《아주 특별한 우리 형》《꼴찌 없는 운동회》 등이 있으며, 그중에서도 《가방 들어주는 아이》는 교과서에도 실릴 만큼 작품성을 인정받았다. 앞으로도 차별 없는 세상을 위한 글쓰기로 많은 이들의 마음에 작은 변화를 일으키고 싶다는 게 그의 생각이다.

자신의 핵심 역량을 알아야 한다!

유근용(이하 유) : 책을 쓰시게 된 계기가 궁금해요.

고정욱(이하 고) : 제가 처음으로 쓴 책이 《글힘돋움》이라는 책입니다. 성균관대학교에서 작문을 가르칠 때 변변한 교재가 없기에 내가 한 권 만들어보자, 하는 마음에서 쓰게 된 책입니다. 그때만 해도 제가 전업 작가의 길로 나서게 될 줄은 꿈에도 몰랐습니다. 그저 젊은이들에게 내가 가지고 있는 글쓰기 노하우를 알려주고 싶다는 생각에서 쓴 거였거든요. 그런데 예상 외로 반응이 좋았습니다. 도움을 받았다는 사람들도 많았고 책도 잘 팔렸죠. 그때 '아, 나도 누군가에게 도움을 줄 수 있는 능력이 있구나.'라는 생각이 들었습니다. 그런 깨달음 후에 내 능력이 되는 한 좋은 글을 계속해서 써보자, 라고 다짐했습니다. 그 다짐을 놓지 않고 살다 보니 작가가 되어 있더군요.

유 : 자신의 능력이 무엇인지 깨닫고, 그걸 키워나간다는 게 생각처럼 쉽지만은 않은 것 같아요.

고 : 물론입니다. 먼저 자신이 무엇을 잘하는지 깨닫는 데 시간이 오래 걸릴 수 있습니다. 여기서 중요한 건 핵심 역량이란 게 어느 순간 갑자기 형성되는 게 아니라는 것이죠. 사실 저는 의대나 공대에 가고 싶었습니다. 하지만 장애 때문에 의대나 공대에서 받아주질 않았습니다. 어쩔 수 없이 문과로 전향한 후 국어국문과에 들어갔습니다. 입학해서도 한동안 방황했죠. 그러다 '여기서 최선을 다해보자!'라고 마음먹었습니다. 그런 후에 열심히 공부했고, 박사 과정 때부터 학교에서 강의도 하게 됐습니다. 그리고 책을 쓰게 됐는데, 좋은 반응을 얻게 되었죠. 한 권, 한 권 낼 때마다 독자들의 응원을 받았습니다.

저도 그러한 과정 속에서 저의 핵심 역량을 확인할 수 있었습니다.

유 : 책을 쓸 때 아이디어나 소재는 어떻게 얻으세요?

고 : 저는 작가이기 때문에 아이디어에 목숨을 걸어야 합니다. 아주 작은 것까지 놓치지 않으려고 늘 수첩을 들고 다니죠. 어쩌다 수첩을 놓고 나왔을 때는 휴대폰에 녹음을 하거나 메모를 합니다. 저는 희한하게 샤워할 때 좋은 아이디어가 많이 떠오릅니다. 그럴 때면 얼른 샤워를 끝내고 나와서 수첩에 모든 걸 적으려고 노력합니다.

그렇다고 불현듯 떠오르는 아이디어만 기다릴 수는 없습니다. 아이디어가 튀어나오도록 끊임없이 자극을 주입해야 하는 거죠. 그래서 저는 신문 3~4종, 잡지 20여 종을 구독합니다. 이렇게 신문이나 잡지, 책 혹은 방송 등을 통해 내 안에 최대한 많은 인풋을 넣는 겁니다. 그중에 어떤 거라도 멋진 아이디어로 태어나길 기대하면서요.

유 : 와, 정말 많은 매체를 활용하시네요. 그렇게 읽고 보는 게 많으신데 글은 주로 언제 쓰세요?

고 : 글 쓰는 게 직업이다 보니 정말 아무 때나 글을 씁니다. 강연하러 기차를 타고 갈 때도 쓰고, 아침에 일어나서도 쓰고…. 솔직히 작가에게 글을 언제 쓰냐는 질문은 의미 없는 질문일 수도 있습니다. 축구 선수에게 언제 축구를 하냐는 질문이 의미 없는 것처럼 말이죠.

유 : 글쓰기 노하우 좀 알려주세요.

고 : 글을 잘 쓰기 위해서는 배워야 합니다. 하지만 대부분의 사람들이 글

쓰기는 배우려 하지 않습니다. 글쓰기 정도는 혼자서도 충분히 익힐 수 있는 기술이라고 생각하거든요. 하지만 글쓰기 역시 운동이나 춤처럼 좋은 스승을 찾아 그들의 노하우를 배워야 합니다. 혼자 하다 보면 자신이 잘하고 있는 건지 아닌지도 알 수 없으니까요. 그러니까 정말 글을 잘 쓰고 싶다면 먼저 글 잘 쓰는 스승을 찾아가서 배우세요.

읽기는 모든 것의 기본!

유 : 독서가 글쓰기에 어떤 도움이 된다고 생각하세요?

고 : '도움이 된다.'라고 이야기할 게 아니라 독서 자체가 글쓰기라고 생각합니다. 전혀 다른 행위가 아니라는 거죠. 우리가 언어를 배울 때 네 가지 지침이 있잖아요? 읽고, 쓰고, 말하고, 듣고. 책을 많이 읽는 사람은 가만히 내버려둬도 뭔가를 쓰고 싶어 합니다. 자기가 알고 있는 걸 쓰고 싶어 하는 거죠. 반대로 책을 안 읽는 사람은 쓸 게 없습니다. 시인은 시를 엄청나게 읽다 보니까 시인이 된 거고, 저 역시 소설이나 동화책을 계속 읽다 보니까 작가가 될 수 있었던 겁니다. 한마디로 읽는 건 모든 것의 기본입니다. 읽으면 쓰게 되고, 쓰다 보면 말도 잘하게 되고, 말을 잘하면 타인의 말도 잘 듣게 되는 거죠.

유 : 어릴 때부터 책을 많이 읽으셨나요?

고 : 많이 읽었습니다. 제가 장애인이다 보니 외부 활동에 제약이 많았습니다. 나갈 수도 없고 돌아다니기도 힘들었지요. 해서 남들보다 시간이 많았습

니다. 그 시간에 저는 늘 책을 읽었습니다. 책을 통해 간접경험을 했고, 삶의 지침을 얻게 되었지요. 책 속 세상을 통해 제가 성장한 겁니다. 이렇게 들인 독서 습관은 결과적으로 보면 제 마음을 편안하게 하고 행복하게 하는 습관이더군요. 작가로 일어설 수 있는 큰 원동력이 되었음은 말할 필요도 없고요.

유 : 독서를 한마디로 정의하신다면?

고 : 독서는 '인생 예습'입니다. 먼저 산 사람들이 내가 이러한 실수를 했고 이러한 고생을 했으니 너희들은 그런 거 하지 마라, 라고 써놓은 게 바로 책입니다. 책을 많이 읽으면 글을 잘 쓸 수 있는 건 물론이고, 인생을 지혜롭게 살 수 있습니다. 삶의 이치에도 눈이 밝아져서 말도 안 되는 일에 휘말릴 일도 없습니다.

유 : 책은 주로 언제 읽으시나요?

고 : 제게 있어 글이 생활이듯 독서 역시 생활입니다. 한마디로 눈 뜨고 있는 동안은 책을 읽고 쓰는 게 일이죠. 그 와중에 사람도 만나고 미팅도 하고 강연도 합니다.

유 : 독자들에게 한 말씀해주신다면?

고 : 책을 읽을 때 밑줄도 팍팍 치고 책장도 팍팍 접으면서 읽으세요. 저는 책을 소모품이라고 생각합니다. 책을 읽으며 여러 방법을 사용해서 책 내용을 내 것으로 만들어야 합니다. 그러는 동안 잊히는 건 그냥 흘려보내세요. 그래야 새로운 것들이 들어올 수 있으니까요.

고정욱의 추천 도서

1. 《당신을 변화시킬 15가지 비밀》, 버논 하워드, 자유로운 상상

수많은 자기계발서 중에서 이 책이 최고라고 생각합니다. 이 책을 읽으면 위안을 받고 상처가 치유돼요. 꼭 읽어봐야 할 책이라고 생각합니다.

2. 《톰 소여의 모험》, 마크 트웨인

이 책은 위안과 용기를 줍니다. 톰 소여는 굉장히 모험심이 강한 장난꾸러기 소년이지만 사실 고아예요. 이모에게 온갖 구박을 받으면서 살지요. 하지만 절대 현실에 굴하지 않는 아이입니다. 살다가 가끔씩 어려움이 있을 때 이 책을 생각하면서 마음을 다잡습니다.

3. 《목민심서》, 정약용

이 책은 책임자로서 어떤 삶을 살아야 하는지를 알려줍니다. 특히 정치하는 사람들 모두가 이 책을 꼭 읽었으면 좋겠습니다.

|책 속 부록 2|

책에서 보물을 캐다

나를 일으킨 소중한 문장들

독서하라!
공부하라!
열정을 다하라!
긍정의 마인드를 가져라!
상상하라!
시간을 관리하라!
써라!
사람을 아껴라!
세상과 나눠라!

독서하라!

많은 사람과 알고 싶은가. 책 속에 다 있다. 많은 일을 경험하고 싶은가. 책 속에 다 있다. 내가 궁금해하는 모든 것이 책 속에 다 들어 있다. 그런데 읽지는 않으면서 배고프다고 한다. 춥다고 한다. **_ 정민, 《오직 독서뿐》** 중에서

책은 읽어도 되고 읽지 않아도 되는 것이 아니라 읽지 않으면 안 되는 것이다. 독서로 길러진 사고력이 뭔가를 생각할 때 큰 힘이 되고 있으며 대화를 나눌 때도 독서경험이 긍정적으로 작용하기 때문이다. **_ 사이토 다카시, 《독서력》** 중에서

'우리는 우리가 읽는 것으로 만들어진다'는 독일의 유명한 문호 마틴 발저의 말처럼, 책은 우리 인간이 '어떤' 것을 이루고 '무엇'인가가 되는 데 가장 유익한 길잡이다.
_ 안철수, 《CEO 안철수, 지금 우리에게 필요한 것은》 중에서

성공한 모든 사람들의 비결은 바로 독서다. 한 권의 책을 읽은 사람과 백 권의 책을 읽은 사람의 삶은 같을 수가 없다. **_ 이석연, 《책, 인생을 사로잡다》** 중에서

세종 정치의 많은 아이디어들이 책에서 나왔다. 여기서 간과해서는 안 되는 것은 세종이 혼자서 독서한 것이 아니라, 신료들과 함께 경연에서 책을 읽고 토론했다는 것이다. **_ 박현모, 《세종의 수성 리더십》** 중에서

공부하라!

사람이 배우지 않음은 아무런 재주 없이 하늘에 오르려는 것과 같다. 배워서 지혜가 깊어짐은 상서로운 구름을 헤치고 푸른 하늘을 바라보는 것과 같고 높은 산에 올라가 온 세상을 내려다보는 것과 같다. **_ 추적, 《명심보감》** 중에서

공부의 끝이 어디 있겠습니까? 살다 보니 늙는 것이고, 공부하다 보니 또 늙는 것이지요. 공부는 죽기 전까지 하는 것입니다. 정신이 허락하는 한 공부해야 합니다. 세상에는 늘 새로운 지식이 존재하고 인간은 늘 새로운 의문이 생기기 때문에 계속 공부해야 합니다. 결코 공부의 끝이란 없습니다.

_ KBS 공부하는 인간 제작팀, 《공부하는 인간》 중에서

공부를 그저 출세의 수단으로 여겨서, 출세를 하기 위해 공부를 하면 자신도 잃고 공부도 잃게 된다. **_ 정약용, 《유배지에 보낸 편지》** 중에서

모든 것이 흔들리는 불확실하고 불안한 시대, 무엇을 할 것인가? 사회가 필요로 하는 인재는 문제의 핵심을 꿰뚫어 보고 해결책을 찾아내는 사람이다. 오직 끝없이 배우는 사람만이 새로운 세상에서 살아남을 수 있다. 당신의 미래는 오늘 무엇을 공부하느냐에 따라 달라진다. 즐겁게, 그러나 독하게. '공부하는 독종'들만이 내일 웃을 수 있는 힘을 갖게 된다. **_ 이시형, 《공부하는 독종이 살아남는다》** 중에서

열정을 다하라!

99도까지 열심히 온도를 올려놓아도 마지막 1도를 넘기지 못하면 영원히 물은 끓지 않는다고 한다. 물을 끓이는 건 마지막 1도. 포기하고 싶은 바로 그 1분을 참아내는 것이다. 그 순간을 넘어야 다음 문이 열릴 것이다. 그래야 내가 원하는 세상으로 갈 수 있다. **_ 김연아, 《김연아의 7분 드라마》 중에서**

신이 손을 뻗어 도와주고 싶을 정도로 일에 전념하라. 그러면 아무리 고통스러운 일일지라도 반드시 신이 손을 내밀 것이고, 반드시 성공할 수 있을 것이다.

_ 이나모리 가즈오, 《왜 일하는가》 중에서

나는 살아갈수록 사람들 사이, 즉 강력한 자와 연약한 자, 위대한 자와 시시한 자 간의 엄청난 차이점이 굽힐 줄 모르는 결심, 즉 한번 목표를 정했으면 꾸준히 밀어붙여 죽음이든 승리든 끝장을 보는 힘에 달려 있다는 것을 확신한다. 그런 자질을 가진 사람이라면 누구든지 이 세상에서 무엇이든 성취해낼 수 있다. 재능, 환경, 기회가 아무리 뒷받침해준다 해도 이러한 자질이 없다면 설령 직립 보행을 한다 해도 인간이라 할 수 없다. **_ 새뮤얼 스마일즈, 《자조론》 중에서**

땅 위에 길은 없었다. 걸어가는 사람이 많아지면 그것이 곧 길이 되는 것이다.

_ 루쉰, 《고향》 중에서

긍정의 마인드를 가져라!

아름다운 장미꽃에 하필이면 가시가 돋쳤을까 생각하면 속이 상한다. 하지만 아무짝에도 쓸모없는 가시에서 저토록 아름다운 장미꽃이 피어났다고 생각하면 오히려 감사하고 싶어진다. **_ 법정, 《무소유》** 중에서

자네도 알겠지만 희망은 지금 이곳에서 자네가 만드는 거야. 불행할 게 뭐 있어? 여기 사람들은 늘 불평만 해. 하지만 난 불평하지 않아. 오늘, 이곳에서 행복해지는 것, 그것이 내가 해야 할 일이라네. **_ 칼 필레머, 《내가 알고 있는 걸 당신도 알게 된다면》** 중에서

살아가다 보면 길이 없어 보이는 막막한 상황에 놓이곤 한다. 그때마다 멈칫거리며 주저하거나 피하는 대신 할 수 있다는 생각으로 새로운 길을 만들어나가야 한다. 모든 길이 처음부터 있었던 것은 아니다. 길은 누군가에 의해, 바로 나에 의해 만들어진다. 안전한 길, 넓은 길만 찾아다니면 결코 성공할 수 없다. 길이 없다고 생각하지 말고 만들어나갈 수 있는 길이 분명이 있다고 생각하라. 그렇게 생각하는 순간, 새로운 길이 눈앞에 펼쳐질 것이다. **_ 윤석금, 《긍정이 걸작을 만든다》** 중에서

스스로를 소중하게 여기고 언제 어디서든 진정한 나이기를 포기하지 않는 사람, 다시 말해 자기 자신을 사랑하는 사람만이 다른 사람도 사랑할 수 있기 때문입니다.

_ 양창순, 《나는 왜 사랑을 못하나》 중에서

상상하라!

'상상'은 현실에서 느끼는 불편함을 해소하고 이를 치유하기 위해 발동되는 생각 너머의 생각입니다. 그리고 '상상'은 반드시 일상에서 포착된 불편함을 감지하는 정서적 능력, 즉 감수성에 근거해야 합니다. 타인의 아픔을 치유하기 위해 아이디어를 '구상'하는 단계가 바로 '상상'입니다. '상상'이 일상에서 느끼는 불편함과 아픔에 근거하지 않을 경우 '상상'은 '허상' '몽상'으로 전락할 수 있습니다.

_ 유영만, 《생각지도 못한 생각지도》 중에서

존 러스킨이라는 영국의 시인은 "네가 창의적이 되고 싶다면 말로 그림을 그려라"라고 했습니다. 누군가가 "뭘 봤니?"라고 물었을 때 그저 "풀"이라고 대답하지 말고, 풀이 어떻게 움직이고 있었고, 잎이 몇 개 있었는데 길이는 어느 정도였고, 햇살은 어떻게 연결되어 있었는지 등 자세하고 소상히 그림 그리듯 말하라는 것이었죠. 이것은 즉, 들여다보라는 겁니다. 앙드레 지드도 《지상의 양식》에서 "시인의 재능은 자두를 보고도 감동할 줄 아는 재능이다"라고 했습니다. **_ 박웅현, 《여덟 단어》** 중에서

상상력은 이질적인 대상이 결합, 통합, 융합되면서 스파크가 발생할 때 발동한다. 이질적인 두 가지 이상의 산만한 개념과 대상이 상상력의 도움을 받아 전혀 다른 그 무엇으로 새롭게 창출되며, 그 무엇은 또 다른 상상력의 원천이 된다.

_ 유영만, 《브리꼴레르》 중에서

시간을 관리하라!

시간이 가장 기본이다. 이것을 관리하지 않으면 다른 아무것도 관리할 수 없기 때문이다. **_ 피터 드러커, 《피터 드러커의 자기경영노트》** 중에서

저는 젊었을 때는 시간이 많다 싶어 시간을 관리하는 데에 중점을 두었지만 지금은 시간의 절대적 가치를 높이는 데에 중점을 둡니다. 많은 선현들이 '시간을 낭비하지 말고 소중히 사용하라. 인생은 시간낭비에 의해 더욱 짧아진다'고 한 말씀에 더욱 마음의 귀를 기울입니다. 소멸되는 인생의 시간은 어떻게 사느냐에 따라 소멸되지 않고 영원히 존재합니다. **_ 정호승, 《내 인생에 용기가 되어준 한마디》** 중에서

시간은 명쾌하게 관리되어야 한다. 마치 돈처럼. 불필요한 사소한 일에 시간을 투자하지 말라. 난간의 밑면을 얼마나 광나게 닦는지는 아무 상관도 없는 일이다.

_ 랜디포쉬, 제프리 재슬로, 《마지막 강의》 중에서

시간이 많다고 해서 좋은 성과를 내는 것이 아니라, 바쁠수록 효율적으로 일하는 것이 인간의 본성이다. 주어진 시간이 많으면 쓸데없이 일들이 부풀려진다는 것이다. 그러니 계획을 세울 때는 너무 짧게 잡아도 안 되고 너무 길게 잡아도 안 된다. 약간 타이트하게 마감기한을 정하라. **_ 이민규, 《1%만 바꿔도 인생이 달라진다》** 중에서

써라!

우선 아무 말이라도 계속 기록한다. 심지어 '무엇을 써야 할지 모르겠다'와 같은 문장도 좋다. 그냥 펜을 계속 움직여라.

_ 헨리에트 앤 클라우저, 《종이 위의 기적, 쓰면 이루어진다》 중에서

글은 기록이며, 설득이며, 노선이다. 궁극적으로 생명의 표현이다. 세상을 바꾸고 싶다면 글을 쓸 필요가 있다. 글은 자신을 바꾸는 데에도 유효한 수단이다.

_ 윤태영, 《윤태영의 글쓰기 노트》 중에서

작가란, 오늘 아침에 글을 쓴 사람이다.

_ 로버타 진 드라이언트, 《누구나 글을 잘 쓸 수 있다》 중에서

5킬로미터를 달릴 수 있게 되면 그 다음은 7킬로미터, 10킬로미터로 거리를 늘릴 수 있다. 그러다 보면 달리기 거리를 늘리는 것 자체가 매우 즐거워진다. 이와 마찬가지로 쓰는 힘이 생기면 쓰는 양을 늘리는 것에 재미를 느끼게 된다. 이미 이 단계에 접어든 사람은 글을 전혀 써본 적이 없는 사람과는 엄청난 실력 차이가 난다. 백 장짜리 논문을 쓸 수 있게 되는 날이 오면 삼십 장짜리 논문은 "아! 짧네!"라고 생각하게 될 것이다. **_ 사이토 다카시 《원고지 10장을 쓰는 힘》** 중에서

사람을 아껴라!

사람이 산다는 것은 어디까지나 '함께'일 때 비로소 의미가 있는 것이지 싶다. 우리 삶의 모든 기쁨과 슬픔도 결국은 사람에서 기인하기 때문이다. 그러기에 사람이 아닌 다른 모든 것들은 중심이 아닌 조건들에 불과하다.

_ 장성숙, 《그래도 사람이 좋다》 중에서

상대가 나한테 욕을 할 때 나도 덩달아 욕을 하게 되면 전생도 원수지간이요 현생도 원수지간이요 내생도 원수지간이 되는데, 상대가 나에게 욕을 할 때 내가 한 번 빙긋이 웃으면 전생도 좋은 인연이요 현생도 좋은 인연이요 내생도 좋은 인연이 되는 겁니다. **_ 법륜, 《붓다 나를 흔들다》** 중에서

공자께서 말씀하셨다. "유익한 벗이 셋이 있고 해로운 벗이 셋이 있다. 정직한 사람을 벗하고, 신의가 있는 사람을 벗하고, 견문이 많은 사람을 벗하면 유익하다. 위선적인 사람을 벗하고, 아첨 잘하는 사람을 벗하고, 말만 잘하는 사람을 벗하면 해롭다."

_ 공자, 《논어》 중에서

창조를 만드는 두 가지 원천 : 하나는 '아픔을 들여다보는 힘', 다른 하나는 '기쁨을 보태는 힘'이다. **_ 강신장, 《오리진이 되라》** 중에서

세상과 나눠라!

어떤 것을 자기 혼자만 갖고 싶다는 소원은 악한 인간만이 가질 수 있는 소원이다. 사람이 행하고 경험하는 일이 참된 행복에 가까우면 가까울수록, 그 행복을 남에게 나누어주고 싶다는 소원은 더욱 간절해지는 법이다.

_ 톨스토이, 《톨스토이 단편선 1》 중에서

남을 위해 살아가는 일이 곧 당신을 위해 살아가는 일이다. 숙고해 보면 당신이 이 세상에 존재하는 이유가 거기에 있다. 겨우 자신의 밥그릇 하나를 부지하기 위해 온갖 발버둥을 치면서 한평생을 살아야 한다면 인생이란 얼마나 무가치한 것인가.

_ 이외수, 《아불류 시불류》 중에서

세상에 불만이 가득하다면 누군가에게 "도와드릴까요?"라고 말해보세요. 봉사는 세상에 대한 사랑을 키우는 좋은 방법이니까요.

_ 김수환 추기경(장혜민 편역), 《바보가 바보들에게》 중에서

우리가 말하는 성공은 돈을 얼마만큼 많이 버느냐 하는 게 아니라 얼마나 더 행복하냐는 거야. 진정한 인생의 성공은 자신의 것을 기꺼이 내주는 행복에서부터 시작되거든. **_ 에릭 시노웨이, 메릴 미도우, 《하워드의 선물》** 중에서